Lothar Klein
Mit Eltern sprechen

Lothar Klein

Mit
ELTERN
sprechen

Zusammenarbeit im Dialog
Beispiele aus Kita und Kindergarten

Herausgegeben von Bernd Groot-Wilken

HERDER

FREIBURG · BASEL · WIEN

Im Interesse der besseren Lesbarkeit wird in diesem Buch meist die weibliche Form (z.B. »Kolleginnen«) gewählt, da die in Kitas vertretenen Berufe prozentual stärker von Frauen besetzt sind. Männer, die dieses Buch lesen, mögen sich bitte trotzdem angesprochen fühlen.

Ausführliche Informationen zum Autor finden Sie unter:
www.balance-paedagogik.de

© Verlag Herder GmbH, Freiburg im Breisgau 2010
Alle Rechte vorbehalten
www.herder.de

Umschlaggestaltung: RSRDesign Reckels & Schneider-Reckels, Wiesbaden
Umschlagfoto: Hartmut W. Schmidt, Freiburg
Illustrationen: Ralph Musen, Balingen
Lektorat: Pia Haferkorn, Freiburg (verantwortlich), Stefanie Schaeffler, München

Layout: RSRDesign Reckels & Schneider-Reckels, Wiesbaden
Satz: Arnold & Domnick, Leipzig
Herstellung: fgb · freiburger graphische betriebe
www.fgb.de

Gedruckt auf umweltfreundlichem, chlorfrei gebleichtem Papier
Printed in Germany
ISBN 978-3-451-32343-0

INHALT

VORWORT 7

ZUM THEMA 9

ZU DIESEM BUCH 15

PRAXISBEISPIELE

A. Anliegen von Erzieherinnen

1. »Schön, dass Sie da sind!« 16
Das regelmäßige Gespräch mit Eltern

2. »Wir müssen dringend über Lea reden!« 26
Wenn Erzieherinnen sich Sorgen um ein Kind machen

3. »Schon wieder bleiben unsere Zettel hängen!« 36
Wenn Eltern auf Informationen nicht reagieren

4. »Also, wenn ich die Mutter von Sarah wäre ...« 46
Wenn sich Sichtweisen unterscheiden

B. Anliegen von Eltern

5. »Ich würde da gerne mal mit Ihnen über etwas reden ...« 56
Die eigenen Grenzen wahren

6. »Weshalb bieten Sie eigentlich keinen Englisch-Frühkurs an?« 64
Wenn Eltern etwas fordern

7. »Wieso ist Sophias Hose denn schon wieder so schmutzig?« 72
Wenn Eltern sich beschweren

8. »Ich habe da ein Problem mit meinem Mann …« 80
Nähe und Distanz

9. »Jetzt strapazieren Sie unsere Geduld aber gewaltig!« 86
Besonders konfliktreiche Begegnungen

ABBILDUNGSVERZEICHNIS 94

LITERATURVERZEICHNIS 95

VORWORT

Liebe Leserinnen,
liebe Leser,

Sie alle sehen sich in Ihrer täglichen Praxis vor eine Vielfalt von Anforderungen gestellt. In unterschiedlichsten Situationen wird von Ihnen kompetentes Handeln erwartet. Dabei sollen Ihre Aktivitäten stets dem Wohl jedes einzelnen Kindes dienen und ihm eine bestmögliche Unterstützung bieten. Wer diese Anforderung tagtäglich erlebt, weiß, wie schwierig es ist, den Erwartungen gerecht zu werden.

Mit dem Titel »Mit Eltern sprechen« liegt Ihnen nunmehr der fünfte Band der praxisorientierten Fachbuchreihe vor, deren Name Programm ist: *KOMPETENZ konkret* möchte Sie in Ihrem pädagogischen Alltag dabei unterstützen, professionell und adäquat zu reagieren und Ihr weiteres Handeln gezielt zu planen.

Der vorliegende Band beleuchtet anhand von typischen Beispielen aus dem Kita-Alltag den Kompetenzbereich »Kommunikation mit Eltern«. Viele der dargestellten Situationen und die damit verbundenen Stolpersteine, Probleme oder Konflikte werden Sie aus eigener Erfahrung kennen. *KOMPETENZ konkret* geht der Frage nach, was dahintersteckt, wenn Sie selbst oder Eltern das Gefühl haben, die jeweils eigenen Anliegen würden von der Gegenseite nicht wahrgenommen oder nicht verstanden, und was Sie persönlich und gemeinsam mit Ihren Teamkolleginnen tun können, um dies zu ändern. Es zeigt Lösungsmöglichkeiten und Handlungsstrategien auf und liefert Ihnen die nötigen Materialien, um ähnlich gelagerte Situationen professionell meistern zu können.

Dieses Buch möchte dazu beitragen, Ihren Blickwinkel auf Frage- und Problemstellungen im Arbeitsalltag zu verändern. Es liefert Ihnen Impulse zur Reflexion über Ihr eigenes pädagogisches Verhalten. Wünschenswert ist, dass durch Ihre persönliche Auseinandersetzung mit den spezifischen Anforderungen an die Kommunikation mit Eltern auch das Interesse Ihrer Kolleginnen an diesem Thema geweckt wird, so dass sich ein Diskurs im Team entwickeln kann.

Aufgrund eigener langjähriger Erfahrungen in Praxis, Forschung und Weiterbildung weiß ich, wie wichtig praxisnahe und praxistaugliche Publikationen sind. Daher stand meine Entscheidung, die Reihe KOMPETENZ konkret fachlich zu begleiten, schnell fest – und ich freue mich, sie gemeinsam mit praxiserfahrenen, fachlich versierten Autorinnen und Autoren verwirklicht zu sehen.

Ich bin überzeugt davon, dass Sie und Ihre Kolleginnen, die sich tagtäglich der Aufgabe stellen, Bildung und Betreuung von Kindern in Tageseinrichtungen zu ermöglichen, gemeinsam in der Lage sind, gute und wirksame pädagogische Prozesse zu entwickeln.

Hierzu wünsche ich Ihnen bestes Gelingen.

Soest im Sommer 2010
Bernd Groot-Wilken

Zusammenarbeit im Dialog

»Zusammenarbeit im Dialog« – bewusst spreche ich nicht von »Erziehungspartnerschaft«. Partnerschaft schließt die Vorstellung einer grundsätzlichen Gleichwertigkeit und Gleichberechtigung der Partner ein. Daran sind unwillkürlich unterschiedliche emotionale Erwartungen geknüpft, die eine professionelle Zusammenarbeit eher erschweren als erleichtern. Auch Eltern selbst suchen im Allgemeinen keine Partnerschaft mit Erzieherinnen.
Deshalb spreche ich lieber von Zusammenarbeit. Diese beschränkt sich nämlich viel stärker als Partnerschaft auf einen Teilbereich, eben den speziellen Grund der Zusammenarbeit, und ist auch zwischen Menschen möglich, die sich ansonsten nicht viel zu sagen haben. Anders als Partnerschaft ist sie begrenzt auf einen bestimmten Zweck, in diesem Fall also das gemeinsame Interesse an der Entwicklung des Kindes, und damit nicht so »hochgradig ›moralisch aufgeladen‹« (*Prott/Hautumm 2007, S. 10*) wie Partnerschaft.

Eltern mit offener Grundhaltung begegnen

Aber auch Zusammenarbeit muss sich erst entwickeln. Die Bereitschaft dazu kann nicht vorausgesetzt werden. Sie kann entstehen, wenn Sie als Erzieherinnen etwas investieren, und hat bessere Chancen, wenn Sie nicht allzu hohe Erwartungen an sie richten. Sie kann sich entfalten, wenn Sie den Kontakt mit den Eltern professionell gestalten. Das ist keine geringe Anforderung. Wie sich die Zusammenarbeit mit Eltern entwickeln und festigen kann, ist kaum Thema der Ausbildung. Auch Träger berücksichtigen diesen Teil des professionellen Handelns nicht wirklich. Zwar erwarten sie »Ruhe an der Elternfront«, berücksichtigen im Stellenplan aber keineswegs, dass Kommunikation Extrazeit braucht. Kinderfreie Zeit für notwendige Gespräche mit Eltern ist fast nirgendwo im Personalschlüssel eingeplant.

Sich nicht für alles verantwortlich fühlen

Ihre Aufgabe ist die *Gestaltung des Kontakts*, seine *Moderation*, seine *Ermöglichung*, nicht der Erfolg, denn der hängt von *beiden* Seiten ab. Die Verantwortung für die erfolgreiche Kommunikation alleine der Erzieherin zu überlassen, übersieht, dass niemand den Verlauf einer Beziehungsgeschichte alleine steuern kann. Es ist deshalb aus meiner Sicht falsch, von Erzieherinnen in jedem Fall die konfliktfreie Zusammenarbeit mit Eltern zu erwarten, wie es viele Träger und Leitungen noch immer tun. Was erwartet werden darf, ist der professionelle Umgang mit dem Kontakt zu Eltern.

Es darf auch schiefgehen

Eines der wichtigsten Mottos für die Zusammenarbeit ist: »Es darf aus meiner Sicht auch schiefgehen.« Erzieherinnen, die mit dieser Grundhaltung den Kontakt zu Eltern suchen, haben den Kopf frei für das wirkliche Geschehen. Sie stehen innerlich nicht unter Erfolgszwang. Sie sind innerlich nicht ständig mit der Frage beschäftigt, wie sie Eltern von diesem oder jenem überzeugen können, weil sie das nicht müssen! Sie können sich ganz einlassen auf das Geschehen und können ihre fachliche Kompetenz *neben* das Wissen und die Erfahrungen der Eltern stellen. Sie können es Eltern überlassen, was sie davon annehmen oder nicht. Sie überlassen den Eltern die Verantwortung für ihr Kind und ihre Familie. Das ist in hohem Maße entlastend.

Sie können sich, weil sie den Erfolg, also das gemeinsame Gesprächsergebnis oder die einvernehmliche Einigung, nicht um jeden Preis herbeizwingen müssen, auch offen auf das einlassen, was Eltern beitragen und sich für das, was Eltern schildern, tatsächlich interessieren.

ZUM THEMA

Eltern verstehen *wollen*

Jeder Kommunikation liegt auch ein bestimmtes Menschenbild zugrunde. Dieses Menschenbild hat Einfluss darauf, wie ich einem anderen Menschen begegne, was ich ihm zutraue, was ich von ihm erwarte und was ich mit ihm machen möchte. Das Menschenbild, das der Kommunikation zugrunde liegt, die dieses Buch beschreibt, sieht Menschen als »eigenverantwortlich handelnde Subjekte«.

Ein »Subjekt« ist jemand, der selbst über sich entscheiden kann, der also nicht zum »Objekt« der Entscheidungen anderer wird. Wer Menschen so sieht, bringt gegenüber *jeder* Entscheidung eines anderen Respekt auf und zwar auch dann, wenn sie seiner eigenen Vorstellung widerspricht. Jemandem Respekt entgegenzubringen bedeutet nicht, dessen Sichtweise auch selbst zu übernehmen und damit die eigene über Bord zu werfen. Respekt fordert mich dazu auf, die andere Sichtweise zu achten: »Du darfst das so sehen, auch wenn ich deine Sichtweise nicht teilen kann.« Respekt zu zollen bedeutet auch, sich für das andere wirklich zu interessieren, nachzufragen, verstehen zu *wollen*.

Ein »*handelndes* Subjekt« wird jemand, der sich nicht nur *verhält*, also nur reagiert, sondern der auch *von sich aus* aktiv wird und für seine Interessen und Sichtweisen eintritt. Ob ich Eltern das zugestehe oder nicht, wird zum Beispiel sichtbar in der Art und Weise, in der ich ihren Beschwerden oder Rückmeldungen begegne, ob ich sie annehmen kann oder weit von mir weise, weil ich den Eltern eigentlich kein Recht einräume, sich einzumischen. Eltern haben jedoch ein *Recht* darauf, zu tun, was sie tun. Sie müssen nicht erst an einem Kommunikationsseminar teilnehmen oder Fachliteratur studieren. Sie dürfen sich so äußern, wie sie es eben tun.

> *»Ich bin nicht du und weiß dich nicht.«*
> Michael Lukas Moeller
> (1937–2002)

(Auch) Eltern haben gute Gründe

Eine weitere Schlussfolgerung lautet: Eltern tun immer das Beste, das sie im Moment tun können! Es hat keinen Sinn, sie von etwas überzeugen zu wollen, was sie – aus welchen Gründen auch immer – nicht tun können. Das zu verstehen ist grundlegend. Was immer Eltern tun oder denken, sagen oder fordern, ist aus *ihrer Sicht*, aus ihrer Lebenssituation heraus angemessen und richtig. Sie haben *gute Gründe* dafür!

Wer das akzeptieren kann, wirft Eltern ihre Sichtweisen und ihr Handeln nicht vor, sondern betrachtet beides als Resultat der Lebensumstände, in denen sie sich bewegen. Das bedeutet ganz und gar nicht, deshalb darauf zu verzichten, die eigene Betrachtungsweise danebenzustellen. Eltern gute Gründe für ihr Handeln zu unterstellen, befreit aber von dem Zorn darüber, dass diese nicht »einsichtig« sind oder sich nicht in dem Maße für die eigenen Angebote oder Informationen interessieren wie erhofft.

Die Gründe der Eltern wahrzunehmen schützt schließlich davor, die Bodenhaftung zu verlieren, »übers Ziel hinaus zu schießen« und auch die Eltern erziehen zu wollen. Stattdessen kann ich mich in aller Ruhe auf die Möglichkeiten konzentrieren, die ich habe.

Dem Kind geht es gut, wenn es der Familie gut geht

Die Familie ist für jeden *das* existentielle und intime Beziehungssystem überhaupt. Es ist das einzige, das wir niemals im Leben ablegen können. Die Zugehörigkeit zur eigenen Familie hat auch dann Bestand, wenn sich die Familienmitglieder nicht mehr sehen oder bereits gestorben sind. Eine Kindertagesstätte kann zwar durch gute Arbeit einiges ergänzen, ausgleichen, auffangen oder auch im Ansatz korrigieren. Sie kann aber so gut sein, wie sie will, wenn es der Familie schlecht geht, geht es dem Kind auch schlecht und umgekehrt. Wir tun also gut daran, die universelle Bedeutung der Familie für das Kind anzuerkennen. Hier ist durchaus Bescheidenheit angebracht.

ZUM THEMA

Daraus folgt auch, dass Erzieherinnen nicht nur Mutter (oder Vater) gegenüberstehen, sondern zugleich immer auch dem Rest der Familie. Eventuell kann ich eine Mutter in einem Gespräch von diesem oder jenem überzeugen. Das wird solange aber keine praktische Auswirkung haben, wie die daraus resultierenden Veränderungen nicht auch zur Familie und ihrem Leben insgesamt passen.

Deshalb ist es sinnvoll, systemisch zu denken *(siehe hierzu den Kasten auf Seite 21)* und auch danach zu fragen, was ein Gesprächsresultat für die *ganze Familie* bedeutet, was eventuell durcheinandergerät. Das können wir durch Fragen wie »Was würden die restlichen Familienmitglieder dazu sagen?« berücksichtigen.

Auf die Grundhaltung kommt es an

Zusammengefasst ist dieses Buch von folgenden Grundhaltungen *(nach Klein/Vogt 2008, S. 92)* durchzogen:

- Eltern sind die Experten für ihre Familie und auch Experten für ihr Kind.
  Ich kann keine Lösung ohne sie finden.

- Eltern sind alleine für ihre Familie und sich selbst verantwortlich.
  Es darf aus meiner Sicht auch schiefgehen.

- Eltern haben aus ihrem Blickwinkel heraus immer gute Gründe für ihre Sichtweise und ihr Verhalten.
  Ich kann sie entdecken, wenn ich echtes Interesse daran zeige.

- Eltern haben ihre ganze Familie im Gepäck.
  Ich sitze nicht nur Mutter und Vater gegenüber.

- Eltern müssen sich nicht um den Gesprächsverlauf kümmern.
  Ich alleine bin für eine konstruktive Gestaltung des Gesprächs verantwortlich.

Sie werden sehen: Wenn es Ihnen gelingt, auf der Basis dieser Grundhaltungen mit Eltern in einen ehrlichen Dialog zu treten und tatsächlich mit ihnen *zusammen*zuarbeiten, wird damit auch Ihre eigene Berufszufriedenheit deutlich steigen.

ZU DIESEM BUCH

Die Beziehung zwischen Erzieherinnen und Eltern birgt potenziell immer Missverständnisse, Reibungen und Konflikte, so dass Erzieherinnen die Forderung nach Zusammenarbeit mit Eltern oft eher als Belastung denn als Bereicherung erleben. Ich möchte mich in diesem Buch deshalb von den manchmal überzogenen Erwartungen an Erzieherinnen abheben und den Blick mehr auf die Realität richten.

Das Buch ist in zwei Teile unterteilt. Teil A beschäftigt sich in vier Kapiteln mit Anliegen, die Erzieherinnen an Eltern haben, Teil B umfasst fünf Kapitel mit Anliegen, die Eltern an Erzieherinnen haben. Die neun Kapitel sind nach folgendem Schema aufgebaut:

1. Ein einleitendes Fallbeispiel schildert eine typische Alltagssituation in Bezug auf die Zusammenarbeit mit Eltern, wie sie alle Erzieherinnen so oder so ähnlich bereits erlebt haben.

2. Unter der Überschrift »Was ist hier passiert?« wird ein kritischer Blick auf das Beschriebene geworfen und analysiert, wie gut im Fallbeispiel die Zusammenarbeit mit den Eltern geklappt hat.

3. Unter der Überschrift »Was dahintersteckt« soll der Hintergrund etwas beleuchtet werden: Weshalb ist die Situation so abgelaufen?

4. Unter der Überschrift »Was also ist zu tun?« werden schließlich Ideen entwickelt, wie Erzieherinnen solche Situationen sicher und professionell gestalten können.

Dieses Buch richtet sich an alle pädagogischen Fachkräfte, die in Kindertageseinrichtungen und Krippen arbeiten, gleich welche Berufsausbildung oder welches Geschlecht sie haben. Der besseren Lesbarkeit halber wird auch häufig der Begriff »Erzieherin« benutzt, der hier ausnahmsweise nicht nur das eigentliche Berufsbild der Erzieherin, sondern alle pädagogischen Berufe in Kitas und Krippen einschließen soll.

1.

»Schön, dass Sie da sind!«

Das regelmäßige Gespräch mit Eltern

PRAXISBEISPIELE
Das regelmäßige Gespräch mit Eltern

Erzieherin Magdalena Noske lädt Herrn und Frau Kaiser zum Entwicklungsgespräch ein. »Ist irgendetwas mit Johanna los?«, wollen die Eltern von Magdalena wissen. »Nein, wir möchten einfach mal wieder mit Ihnen sprechen«, bekommen sie zur Antwort. Herr und Frau Kaiser sind engagierte Eltern, die regelmäßig und fast immer zu zweit die Elternabende besuchen. Johanna ist ihr einziges Kind. Weil beide berufstätig sind, kommt ihnen der vorgeschlagene Termin um 16 Uhr nicht besonders gelegen. Die beiden nehmen sich dennoch den Nachmittag frei und gehen mit gemischten Erwartungen zu diesem Gespräch, bei dem noch eine weitere Erzieherin zugegen ist, die nur kurz vorgestellt wird. Magdalena berichtet zuerst, wie sich Johanna aus ihrer Sicht entwickelt hat. Als Grundlage benutzt sie einen umfangreichen Beobachtungsbogen, der den Eltern bis dahin unbekannt war. Im Anschluss bringt sie die Sprache auf Johannas Eigenheit, beim Mittagsschlaf ziemlich unruhig zu sein und die anderen deshalb zu stören. Wie denn das Schlafengehen bei Kaisers zu Hause organisiert sei, fragt sie. Etwas verunsichert erzählen Kaisers aus ihrem Familienleben.

Noch mehr irritiert sind die beiden dann am Ende des Treffens, als sie ein »Gesprächsprotokoll« unterschreiben sollen, das die andere Erzieherin, die die ganze Zeit wortlos dabeisaß, verfasst hat.

Was ist hier passiert?

Magdalena hat sich viel Mühe gegeben und war gut vorbereitet. Alleine, dass sie mindestens einmal im Jahr mit allen Eltern ein ausführliches Entwicklungsgespräch zustande bringt, ist ihr hoch anzurechnen. Im Gesprächsverlauf hat sie zuerst Johannas positiven Entwicklungen ausreichend Raum gegeben. Im Folgenden hat sie sich auf einen Punkt (die Unruhe beim Mittagsschlaf) beschränkt, über den sie mit den Eltern ins

Gespräch kommen will, und nicht einfach jedes Problem angesprochen, das ihr in den Sinn kam.

Aber die Art des Gesprächs war vollkommen einseitig. Die Eltern wurden dabei mehr oder weniger zu Adressaten von Magdalenas Sichtweisen, Vorschlägen und Erwartungen gemacht. Sie erhielten schon bei der Einladung eine passive Rolle. Auch in der Vorbereitung auf das Gespräch ist Magdalena in ihrer eigenen Denkwelt befangen geblieben. Sie hat sich ausschließlich darauf vorbereitet, was sie den Eltern berichten und was sie bei ihnen erreichen möchte. Dafür, welche Fragen und Anliegen die Eltern beschäftigen, ist in ihren Gedanken kein Platz gewesen.

Auch im gesamten Gesprächsaufbau konnten sich die Eltern ausschließlich auf das beziehen, was die Erzieherin vorgegeben hat. Hätten sie selbst ein Thema ansprechen wollen, z. B. die Frage, ob das etwas schüchterne Verhalten von Johanna normal ist oder nicht, wäre viel Energie und Fingerspitzengefühl nötig gewesen, um das an geeigneter Stelle anzubringen.

Herr und Frau Kaiser haben das Gefühl bekommen, als müssten sie sich vor den Erzieherinnen rechtfertigen. Deswegen waren sie auch eher zurückhaltend mit dem, was sie über ihre Familie erzählen. Hinzu kommt, dass die ganze Situation etwas Unklares und Inquisitorisches hatte: Was schreibt die zweite Erzieherin die ganze Zeit über mit? Welche Rolle hat sie eigentlich in diesem Gespräch? Darf sie überhaupt angesprochen werden? Was geschieht mit dem unterschriebenen Protokoll? Was ist das für ein Beobachtungsbogen, den die Erzieherin da benutzt? Was passiert damit? Was halten die Erzieherinnen vielleicht ansonsten noch über die Kaisers und ihre Tochter fest? Wer hat alles darin Einsicht?

Was dahintersteckt

Wir alle neigen dazu, den eigenen Sichtweisen von Dingen zu sehr zu vertrauen und sie deshalb zu verallgemeinern: So wie wir die Sache sehen, so ist sie auch! Natürlich möchten wir niemanden bevormunden. Das geschieht aber unbeabsichtigt dennoch, wenn z. B. Erzieherinnen zu sehr darauf fixiert sind, Eltern von etwas überzeugen zu wollen. Wenn dann im Gespräch mit Eltern eigene Beobachtungen und Schlussfolgerungen als feststehende Tatsache und nicht als noch zu überprüfende Möglichkeit dargestellt werden, bleibt Eltern wenig Raum für ihre vielleicht anderen Erfahrungen und Gedanken und sie fühlen sich gegängelt und nicht selten auch gemaßregelt.

Leider haben wir als pädagogische Fachkräfte oft das Bedürfnis, das eigene Verhalten zu rechtfertigen, und legen deshalb Gespräche mit Eltern vor allem so an, dass wir am Ende möglichst selbst als Expertinnen und Experten erscheinen. So kommt es, dass Gespräche mit Eltern oft ziemlich einseitige Veranstaltungen sind. Im Begriff »Elterngespräch« drückt sich genau diese Einbahnstraße von den Erzieherinnen zu den Eltern aus.

Die systemische Sichtweise: Eltern als die *anderen* Experten sehen

Die Forderung, ein Gespräch zwischen Eltern und Erzieherin als gemeinsames Anliegen zu begreifen, basiert vor allem auf der These, dass auch Eltern einen Expertenstatus besitzen. Sie sind sozusagen die *anderen* Experten und zwar in einem mindestens dreifachen Sinn:

1. Eltern kennen ihre Familie am besten und wissen wie niemand sonst, was diese Familie zurzeit bewältigen kann und was nicht. Sie kennen ihr Kind und können Erfahrungen und Erlebnisse beitragen, über die Erzieherinnen gar nicht verfügen können. Eltern sind deshalb eine Art »Feldexperten«. Sie besitzen keine pädagogische Ausbildung, aber sie verfügen über einen großen Erfahrungsschatz. Dieser ist ausgesprochen wertvoll, um Situationen und Fragen angemessener beurteilen zu können. Eltern sind *die* Experten für ihre Familie und für ihr Kind. Ohne sie kann keine Frage im Hinblick auf die Entwicklung des Kindes umfassend beantwortet werden.

2. Wenn Förderideen oder angestrebte Verhaltensänderungen keinen Platz im Familienalltag finden, bleiben die meisten gut gemeinten Vorschläge von Erzieherinnen in der Luft hängen. Menschen tun grundsätzlich

immer das Beste, das sie zurzeit tun können, lautet eine wichtige Aussage der *systemischen Sichtweise (siehe Kasten S. 21. Mehr über die Anwendung der systemischen Sichtweise in Kitas finden Sie in Klein/Vogt 2008).* Darüber aber, was sie aktuell tun können und *aus ihrer Sicht* für das Beste halten, können bloß Eltern selbst Auskunft geben. Hier sind sie ebenfalls alleinige Experten. Was nutzt es, wenn ich aus meiner Situation heraus Eltern erzähle, was sie tun sollten, ohne zu berücksichtigen, was zu tun sie in der Lage und willens sind? Es bleibt also gar kein anderer Weg, als die Eltern aktiv in *gemeinsame* Überlegungen einzubeziehen.

3. Eltern sind schließlich Experten in Bezug auf alle Zukunftsentwürfe der Familie. Sie sind es, die für *alle* Entscheidungen, die ihr Kind betreffen, ihr ganzes Leben lang Verantwortung tragen. Das ist ein ganz und gar anderes Ausmaß von Verantwortung als das der Erzieherinnen. Dem Kind geht es gut, wenn es der Familie gut geht! Dieser einfache Satz ist sehr grundlegend und weist trotz aller Professionalität auf die beschränkten Möglichkeiten des Kindergartens hin. Deshalb ist es nicht nur besser für den Verlauf der Kommunikation, sondern auch gut für das Kind, wenn es gelingt, Mutter und Vater als aktive und eigenverantwortliche Eltern zu respektieren. Eltern sind also *alleine* für ihre Familie und sich selbst verantwortlich, und dafür, wie sie diese Verantwortung füllen und ausüben wollen, sind sie wiederum die Experten.

Was also ist zu tun?

Macht man sich eine systemische Sichtweise zueigen, ist es nicht schwer, bei der Gestaltung von Gesprächen mit Eltern folgenden Regeln zu folgen:

Das Entwicklungsgespräch als »Expertengespräch«
»Zusammenarbeit im Dialog« kann besonders in Gesprächen mit den Eltern praktiziert werden. Manche Erzieherinnen sprechen bewusst von einem »Expertengespräch«, um sich selbst und den Eltern immer wieder

PRAXISBEISPIELE

Das regelmäßige Gespräch mit Eltern

vor Augen zu führen, worum es eigentlich geht: nämlich um ein Gespräch unter (verschiedenen) Expertinnen und Experten, ein Gespräch, das nur dann produktiv ist, wenn jeder Sichtweise ausreichend Raum gegeben wird, ein Gespräch, zu dem jeder beitragen kann.

Die Systemische Sichtweise

»Systemisch« bedeutet, den Menschen nicht nur als einzelne Person zu betrachten, sondern ihn auch als Teil von »sozialen Systemen« oder Gruppen zu verstehen. Die Familie ist das bedeutendste soziale System des Menschen. Es ist besonders für Kinder nicht nur existenziell, es ist auch das einzige soziale System, das Menschen niemals verlassen können.

Die systemische Sichtweise geht davon aus, dass der Einzelne sein Verhalten nicht nachhaltig ändern kann, wenn nicht gleichzeitig die Auswirkungen solcher Verhaltensänderungen auf das jeweilige soziale System berücksichtigt werden. Und umgekehrt lässt sich das Verhalten des Einzelnen oft auch als Resultat von Interaktionsmustern innerhalb seines sozialen Systems erklären.

Allgemein lässt sich sagen, es geht mit der systemischen Sichtweise um ein bestimmtes Menschenbild, das man in etwa so beschreiben könnte:

- Menschen handeln grundsätzlich in positiver Absicht und zwar nicht nur für sich selbst, sondern auch für ihr System. Das sind ihre »guten Gründe«.
- Sie sind in der Regel darum bemüht, das Beste zu tun, das sie derzeit tun können. Verhaltensänderungen sind nur möglich, wenn sie im Bereich der Potenziale der Menschen liegen. Deswegen ist der Blick auf die Ressourcen der Menschen so wichtig.
- Jeder Mensch ist darum bemüht, sein soziales System im Gleichgewicht zu halten. Er vermeidet möglichst alles, was dort zu Störungen führen könnte.
- Innerhalb von sozialen Systemen besteht zwischen ihren Mitgliedern eine unvermeidliche wechselseitige Abhängigkeit. Was der eine tut, hat immer auch Auswirkungen auf alle anderen.
- Veränderungen beim Einzelnen und/oder im System sind nur möglich,
  - wenn die Betroffenen es selbst *wollen*
  - und wenn das System sie gleichzeitig aushalten kann.
- Lösungen in Problemlagen können daher niemals ohne die Betroffenen selbst gefunden werden.

Entstanden ist diese Herangehensweise in den 50er Jahren in den USA im Bereich der Familientherapie. In Deutschland ist sie spätestens seit den 70er Jahren vor allem in Familienberatungsstellen sehr weit verbreitet.

Eltern gut informieren

Damit ein Gespräch mit Eltern wirklich gelingt, muss es von Beginn an als *gemeinsames* Gespräch begriffen werden. Gemeinsam bedeutet natürlich nicht, dass sich beide Seiten in allen Punkten einig sein müssen. Sie müssen aber gleiche Anteile am Gespräch bekommen, müssen gleich gut informiert sein und müssen sich im Gespräch *gleichwertig* fühlen.

Deshalb sollten Sie sich bereits für die Einladung Zeit und Ruhe nehmen. Die Eltern sollten schon jetzt möglichst detailliert erfahren, worum es geht und wie das Gespräch in etwa ablaufen soll. Falls Beobachtungsbögen oder andere Formen der Dokumentation im Gespräch zum Einsatz kommen, sollten sie vorab darüber informiert werden oder – besser noch – schon vorher Einsicht in diese bekommen. Bei möglichst allen Gesprächen, besonders aber den jährlich wiederkehrenden Gesprächen über die Entwicklungsfortschritte der Kinder sollte sehr großer Wert darauf gelegt werden, dass Gesprächszeit und -ort so gewählt werden, dass beide Elternteile – also auch der Vater! – ohne größere Umstände teilnehmen können.

Die Perspektive der Eltern vorab bedenken

Eine Vorbereitung, die darauf zielt, Eltern wirklich aktiv einzubeziehen, beschränkt sich nicht nur darauf, sich selbst sattelfest für das Gespräch zu machen. Natürlich ist es wichtig, sich die Entwicklung des Kindes noch einmal vor Augen zu führen. Für ebenso wichtig halte ich es aber, sich bereits im Vorfeld des Gesprächs auch Gedanken darüber zu machen, mit welchen Erwartungen, Gefühlen und Wünschen die Eltern wahrscheinlich in das Gespräch kommen, sich gedanklich in ihre Position zu versetzen und zu versuchen, die Welt einmal aus der Sichtweise der Eltern zu betrachten.

Den Eltern das erste Wort geben

Beginnen Sie das Gespräch immer so, dass Sie zunächst den Eltern das Angebot machen, das Wort zu ergreifen! Eltern sollten ermutigt werden, zu erzählen, wie *sie* ihr Kind *erleben*, was ihnen an ihrem Kind besonders gefällt, was sie an ihm mögen und was ihnen eventuell Sorgen bereitet. Wenn die Eltern dann anhand von Beispielen berichten, sollten Sie interessiert zuhören und nachfragen und sich dabei so weit wie möglich mit eigenen Kommentaren oder Ergänzungen zurückhalten, es sei denn, die Eltern bitten Sie ausdrücklich darum. Es ist die Redezeit der Eltern!

Sich wirklich für die Erlebniswelt, die Erfahrungen und vor allem auch die Sichtweisen und Bewertungen der Eltern zu interessieren, ohne sie zu bewerten, ist schwieriger, als es auf den ersten Blick vielleicht scheinen mag. Denn häufig bringen wir das, was andere berichten, viel zu schnell mit eigenen Erfahrungen in Verbindung, gleichen im Kopf beides miteinander ab und gelangen dann zu schnellen Urteilen wie: »Das kann doch gar nicht sein ...«, »Das würde ich niemals so machen ...« oder »Genau, darin liegt ja das Problem ...«.

Die eigene Sichtweise in dieser Phase des Gesprächs auch *innerlich* zurückzustellen und sich ohne jede Bewertung einfach nur dafür zu interessieren, wie Eltern ihren Alltag und ihr Kind erleben, bedarf also einiger Übung.

Die eigene Sichtweise danebenstellen

Sie als Erzieherin sehen und beurteilen natürlich manches anders als Eltern. Sie erleben die Kinder in anderen Situationen und sind eine ausgebildete Fachkraft mit einem anderen Bewertungshintergrund als dem, über den Eltern verfügen. Davon müssen und dürfen Sie auch Gebrauch machen. In der Regel sollte das aber erst erfolgen, *nachdem* die Eltern ausreichend Zeit zum Erzählen hatten und dabei auf eine interessierte Zuhörerin gestoßen sind, und außerdem nur als *Angebot* an die Eltern. Was spricht denn dagegen, die Eltern zu fragen: »Möchten Sie jetzt von mir erfahren, wie *wir* Ihr Kind erleben? Gibt es vielleicht etwas, was Sie speziell interessiert?« Und natürlich muss man sich davor hüten, mit belehrendem Zungenschlag zu berichten. *Daneben-* statt *dagegen*stellen, darum geht es! Das geschieht zum Beispiel dadurch, dass eigene Sichtweisen und Überzeugungen nicht als Fakt, sondern als Vermutung formuliert werden: »Wir vermuten, dass ...«, »Es könnte sein, dass ... Es könnte aber auch sein, dass ...« Weitere Regeln werden in Fallbeispiel 2 besprochen (*siehe Seite 26 ff.*). Falls irgendwelche Beobachtungsunterlagen hinzugezogen werden, müssen sie auf jeden Fall auch den Eltern vorher zur Verfügung stehen.

Gemeinsam nach Wegen suchen

Gegen Ende des Gesprächs können gemeinsame Vorgehensweisen zum Wohl des Kindes gesucht und eventuell auch Verabredungen getroffen werden. Günstig ist dabei, auch mit zu vereinbaren, in welcher Weise sich beide Seiten auf dem Laufenden halten und wann sie wieder zusammenkommen wollen, um erneut gemeinsam darüber nachzudenken.

Ein gemeinsames Ende finden

Um das Gespräch zu einem guten Abschluss zu bringen, müsste von der Erzieherin noch einmal zusammengefasst werden, was die wichtigsten Gesprächsergebnisse waren, und zwar nicht als Kontrolle, sondern um ein gemeinsames Verständnis darüber herzustellen. Wer Protokolle unterschreiben lässt, sollte sich fragen, ob das nicht auch als ein eindeutiger Misstrauensbeweis verstanden werden kann. Ein solches Protokoll kann eine wichtige Gedankenstütze für Sie sein, ist aber als Beweismittel bei Missverständnissen oder in Streitfällen wertlos. Ganz am Ende sollten Sie die Eltern noch einmal fragen, ob Sie ansonsten noch etwas für sie tun können. Eltern sollten also zu Beginn als Erste und auch am Ende als Letzte das Wort erhalten.

Wenn Herr und Frau Kaiser ein Gespräch in der beschriebenen Form erlebt hätten, hätten sie sich dabei sicher wohler gefühlt und wären gerne wiedergekommen.

Benutzen Sie für Ihre eigene Arbeit die folgende Vorlage, um Entwicklungsgespräche anhand der in diesem Kapitel behandelten Vorgaben zu gestalten:

PRAXISBEISPIELE
Das regelmäßige Gespräch mit Eltern

FÜNF SCHRITTE EINES ELTERNGESPRÄCHS

Vorbereitende Überlegungen:
- An welchen Beispielen und in welcher Form kann ich den Eltern am besten die Entwicklung ihres Kindes veranschaulichen?
- Welche Probleme möchte ich von meiner Seite aus ansprechen?
- Mit welchen Fragen werden die Eltern eventuell erscheinen? Was weiß ich über ihre Lebenssituation? (Perspektivenwechsel)
- Wie soll der Gesprächsrahmen aussehen?

1. Schritt: Beginn
- Heißen Sie die Eltern willkommen und lassen Sie sie in Ruhe ankommen.
- Verständigen Sie sich mit ihnen über die Themen, deren Reihenfolge und den Zeitrahmen für das Gespräch.

2. Schritt: Interessiert nachfragen, erkunden von Absichten, Interessen und Sichtweisen
- Ermutigen Sie die Eltern, von ihren Erlebnissen mit dem Kind, ihren Fragen und eventuell auch ihren Sorgen zu berichten.
- Hören Sie interessiert zu, fragen Sie nach. Fühlen Sie sich in die Eltern ein.
- Erkunden Sie die »positiven Absichten« der Eltern: Welche guten Gründe haben sie für ihr Handeln und ihre Auffassungen?
- Verlangsamen Sie das Gespräch ganz bewusst! Geben Sie den Eltern ausreichend Zeit und Raum, sich zu äußern.

3. Schritt: Das Eigene danebenstellen
- Machen Sie den Eltern das Angebot, Ihre eigenen Erfahrungen, Beobachtungen und Einschätzungen beitragen zu dürfen. Arbeiten Sie dabei vor allem mit Beispielen.
- Äußern Sie Ihre Interpretationen als Hypothesen: »Ich vermute/frage mich, ob ...«
- Holen Sie stets die Sichtweise der Eltern dazu ein: »Was meinen Sie dazu?«, »Haben Sie Ähnliches erlebt?« Ermuntern Sie die Eltern zum Nachhaken und Fragen, zum Ergänzen oder auch Infragestellen.
- Sprechen Sie die Eltern als Ratgeber an: »Was würden Sie an meiner Stelle tun?«
- *Benennen* Sie Unterschiede offen: »In diesem Punkt unterscheiden sich unsere Sichtweisen wohl ...« Bewerten Sie dabei nicht!

4. Schritt: Gemeinsam nach weiteren Vorgehensweisen suchen
- Treffen Sie gegebenenfalls Vereinbarungen, und zwar so konkret wie möglich!
- Zeigen Sie Respekt vor der Entscheidung der Eltern und sprechen Sie das auch aus.

5. Schritt: Abschluss
- Fassen Sie die Gesprächsergebnisse noch mal kurz zusammen.
- Geben Sie den Eltern das letzte Wort.

Abbildung 1:
Fünf Schritte eines Elterngesprächs

2.

»Wir müssen dringend über Lea reden!«

Wenn Erzieherinnen sich Sorgen um ein Kind machen

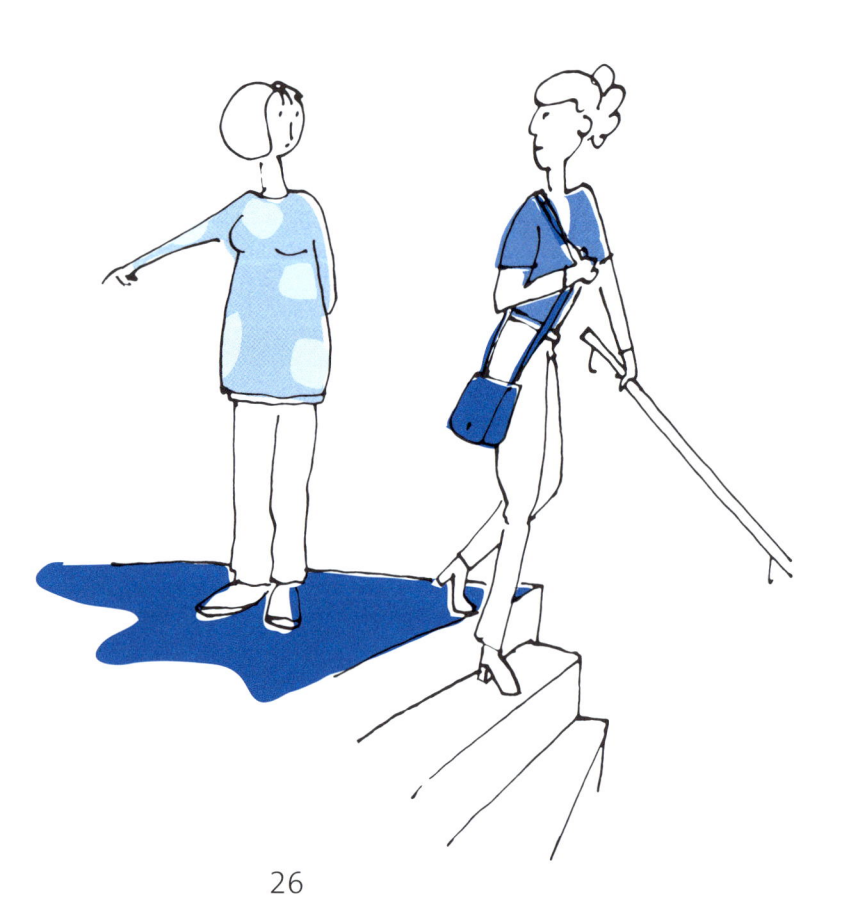

PRAXISBEISPIELE
Wenn Erzieherinnen sich Sorgen um ein Kind machen

Hella Wenger und Karin Busch, beide schon lange als Erzieherin im Beruf, machen sich Sorgen um Lea. Sie ist knapp vier Jahre alt und besucht seit acht Monaten den Kindergarten. Lea spielt oft alleine und sucht von sich aus eigentlich nur die Nähe der Erzieherinnen. Wenn andere Kinder Kontakt zu ihr aufnehmen möchten, reagiert sie schnell verärgert und weist sie ab. Hella hat gegenüber Leas Mutter, Frau Link, bereits vor drei Wochen vorsichtig angedeutet, dass mit Lea »etwas nicht in Ordnung sein könnte«.

In einem Tür- und Angelgespräch hat sie zunächst auf positive Aspekte in Leas Entwicklung hingewiesen und im Anschluss von ihren besorgniserregenden Beobachtungen berichtet. Für ein längeres Gespräch war allerdings keine Zeit.

Frau Link machte damals den Eindruck, sich nicht richtig auf ein Gespräch einlassen zu wollen. Jedenfalls reagierte sie abweisend und ruppig. Sie hätte nichts Auffälliges festgestellt und zu Hause verhalte sich Lea völlig normal. Nun haben die beiden Erzieherinnen Leas Mutter zu einem Elterngespräch eingeladen. Sie befürchten jedoch, dass Frau Link das Problem wieder von sich weisen wird, und überlegen im Vorfeld, wie sie das Thema Frau Link gegenüber ansprechen können, ohne dieser »zu nahe zu treten«, damit sie sich nicht gleich angegriffen fühlt.

Was ist hier passiert?

Hella und Karin machen sich zunächst einmal berechtigterweise Sorgen. Ihre Beobachtungen basieren auf jahrelanger Erfahrung und dem Vergleich mit vielen ähnlich gelagerten Situationen. Sie wissen also, wovon sie reden. Aber sie erleben Lea in einem anderen sozialen Kontext als Frau Link ihre Tochter zu Hause. Es ist deshalb nicht unwahrscheinlich, dass sich Lea im Kindergarten anders verhält als daheim. Insofern können sowohl die Beobachtungen der Erzieherinnen zutreffen als auch die Aussage der Mutter, Lea verhalte sich zu Hause normal. Ob etwas »normal« ist oder zu Sorgen berechtigt, sind zunächst nichts anderes als subjektive Beobachtungen aus zwei sehr verschiedenen Blickwinkeln. Es kann also zutreffen, dass beide Aussagen trotz ihrer Gegensätzlichkeit ihre Berechtigung haben.

Frau Links abwehrende Reaktion ist also, von ihrer Warte aus betrachtet, durchaus verständlich, basiert sie doch ebenfalls auf Erfahrung und Beobachtung. Sie vergleicht die Aussagen der Erzieherinnen mit ihrem eigenen Erfahrungshintergrund und stellt diese folgerichtig zunächst in Frage. Ihre Abwehr erklärt sich also zunächst einmal ganz einfach aus ihrer unterschiedlichen Perspektive.

Wie sehr viele Eltern hört auch Frau Link – sei es nun berechtigt oder nicht – in der Mitteilung der Erzieherin den versteckten Vorwurf, keine gute Mutter oder kein guter Vater zu sein. Erschwerend kommt hinzu, dass Hella und Karin nicht direkt und offen ansprechen, ob sie etwas von Frau Link erwarten, und wenn ja, was genau.

Dass die Erzieherinnen nur andeuten, ist also ein weiteres Problem. Am liebsten, so scheint es, würden beide die schwierige Situation umgehen. Ein solches Verhalten lässt die Mutter von Lea darüber im Dunkeln, was die Erzieherinnen wirklich denken. Sie ist also auf ihre eigenen Interpretationen angewiesen. Mehr noch, falsche Vorsicht entwertet Frau Link als verantwortliche Mutter. Jemandem vermeintlich etwas »nicht zumuten zu können«, bedeutet ja nichts anderes, als den anderen nicht für fähig zu halten, die Situation zu meistern. Der Sinn eines solchen Verhaltens liegt darin, sich selbst vor den unangenehmen Folgen, die eine schwierige Situation begleiten, zu schützen, den anderen dagegen nicht.

Schließlich haben die Erzieherinnen viel zu lange gewartet, bis sie endlich den Kontakt zu Frau Link suchen und lassen Leas Eltern damit lange Zeit im Unklaren. Aus ihrer Perspektive ist das verständlich. Die Erzieherinnen wollten zunächst in ihren Beobachtungen sichergehen, bevor sie sich an die Mutter wenden. Aber aus Frau Links Blickwinkel stellt sich das ganz anders dar: Für sie ist es ziemlich verwunderlich, dass beide Erzieherinnen sieben Monate lang alles in Ordnung finden und nun plötzlich Probleme sehen. Für Frau Link hat sich ja in der Zwischenzeit nicht viel geändert.

PRAXISBEISPIELE

Wenn Erzieherinnen sich Sorgen um ein Kind machen

Was dahintersteckt

Als Erzieherin müssen Sie immer damit rechnen, dass Sie auf Abwehr, Unverständnis, Nicht-wahrhaben-Wollen oder gar Aggression stoßen, wenn Sie Eltern mit ungünstigen Entwicklungen ihrer Kinder konfrontieren. Andere reagieren mit Depression, Hilflosigkeit, Verzweiflung. Das alles sind *normale Reaktionen*! Jede Erzieherin sollte sich darüber im Klaren sein, dass sich diese nicht gegen sie selbst richten. Fast immer liegen die Ursachen dafür außerhalb des Verhaltens der Erzieherin.

Eltern brauchen Zeit

Ein solches Verhalten weist vielmehr darauf hin, dass den Eltern die Situation ganz und gar nicht egal ist. Sie gehen in eine abwehrende oder Hilfe suchende Haltung, weil sie ihr Kind und ihre Familie schützen wollen. In solchen Momenten wirken Stressmuster, die alle Menschen besitzen. Wir haben sie uns in unserer frühen Kindheit angeeignet und greifen auf sie dann zurück, wenn unser oder das Wohlergehen unserer Familie bedroht scheint. Dieser Prozess läuft nicht kognitiv gesteuert ab. Selbst wenn Frau Link sich sagen würde, dass die Erzieherinnen vielleicht Recht haben und dass überlegtes Reagieren angesagt ist, sind zunächst einmal ihre Gefühle stark und können nicht verdrängt werden. Eine ruhige Analyse der Situation und ein sich darauf beziehendes, adäquates Handeln sind in solchen Situationen meist erst nach und nach möglich. Erzieherinnen müssen Eltern diese Zeit geben, dürfen nicht zu sehr insistieren. Sie dürfen das Verhalten der Eltern vor allem nicht zu sehr auf sich selbst beziehen. Hier braucht es professionelle Distanz und Geduld.

Eltern durchlaufen eine Krise

Alle Menschen geraten nämlich mehr oder weniger ähnlich in einen Krisenprozess, wenn das Wohlergehen ihres eigenen Kindes in Frage steht. Diese Krise ist vergleichbar mit anderen schwierigen Lebenssituationen wie dem Auftreten einer schweren Krankheit, drohender Arbeitslosigkeit oder Beziehungsproblemen. Wenn Menschen in eine solche Krise geraten, müssen sie im Allgemeinen mehrere Phasen durchlaufen. Das kann je nach der Schwere der Krise und je nach den Verarbeitungsmechanismen und Unterstützungssystemen, über die die Betroffenen verfügen, eine lange Zeit andauern, manchmal sogar Jahre.

Die erste Phase kann als Eingangsstadium bezeichnet werden. Am Anfang steht die Ungewissheit und vielleicht bange Fragen wie: Was ist eigentlich mit unserem Kind los? Müssen wir uns Sorgen machen? Vielleicht hat auch Frau Link sich schon einmal gefragt, weshalb Lea noch immer keine wirklichen Freunde im Kindergarten hat. Diesen Gedanken hat sie vielleicht wieder verscheucht, weil Lea sich ja ansonsten nicht ungewöhnlich verhält und auch sonst niemandem etwas aufgefallen ist.

Dann irgendwann folgt die Gewissheit. In unserem Fall ist Frau Link noch nicht so weit. Obwohl sie nun eine Rückmeldung von außen hat, versucht sie zunächst noch, die drohende Krise abzuwehren, indem sie das, was die Erzieherinnen andeuten, in Zweifel zieht. Erst nach und nach wird Gewissheit darüber entstehen, dass Lea in diesem Punkt besondere Aufmerksamkeit benötigt. Viele Familien reagieren auf die Gewissheit zunächst aber mit Ungläubigkeit, Zweifel oder Abwehr. Sie wollen einfach nicht wahrhaben, was sie eigentlich bereits wissen. Eltern brauchen also Zeit, um die Gewissheit so annehmen zu können. Erzieherinnen und andere Beraterinnen sollten in dieser Situation nicht unermüdlich weiter insistieren, sondern den Eltern Zeit lassen, die Gewissheit so anzunehmen, wie sie es im Augenblick können.

Die zweite Phase eines Krisenzyklus kann als Übergangsphase bezeichnet werden. In dieser Phase, die sich über eine lange Zeit hinziehen kann, wird es immer wieder zu Rückschlägen kommen, kann es sein, dass die Gewissheit immer wieder von Neuem angezweifelt wird. Drei Verhaltensweisen prägen häufig diese schwere Zeit: Aggression, Hyperaktivität bzw. Verhandlung und Depression.

PRAXISBEISPIELE
Wenn Erzieherinnen sich Sorgen um ein Kind machen

Abwehr ist normal
Aggression ist notwendig, um den eigenen Gefühlshaushalt wieder in die Balance zu bringen: »Die anderen sind schuld! Was die wieder in mein Kind hineindichten! Die können das gar nicht richtig beurteilen! Die übertreiben!« Anderen die Schuld zu geben hilft besser zu ertragen, was zu ertragen ist. Aggression kann sich auch nach innen richten: »Was haben wir nur alles falsch gemacht? Wir sind an allem schuld!« Auch hier geht es darum, mögliche Ursachen für das Geschehen ausfindig zu machen – in dem Glauben, wenn diese bekannt seien, könnten sie verändert werden.
Wenn auch das nicht mehr wirklich hilft, werden viele Eltern plötzlich besonders aktiv. Nun neigen sie dazu, alle anderen für sich zu instrumentalisieren. Sie treten überzogen fordernd oder sogar nötigend auf: »Wenn wir schon ein behindertes Kind haben, dann müssen alle gefälligst auf uns Rücksicht nehmen! Wir brauchen jede Hilfe sofort!« Auch diese Überaktivität richtet sich nicht gegen die beratende Person, sondern ist von der Hoffnung getragen: »Wenn ich nur viel unternehme, wird sicher alles wieder gut.« Manchmal entsteht regelrechte Panik, weil die Eltern das Gefühl haben, auf gar keinen Fall irgendetwas verpassen zu dürfen. Dahinter versteckt sich auch der Vorwurf an sich selbst, zu spät reagiert zu haben.

Am Ende steht adäquates Verhalten
Häufig folgt dieser nicht adäquaten Aktivität Depression. Eltern spüren nun, dass die Familie an ihren ursprünglichen Lebensentwürfen zum Teil deutliche Abstriche machen muss. Verzweiflung und Depression können, besonders dann, wenn viel Geduld erforderlich ist, die Folge sein: »Wozu sich noch kümmern, noch kämpfen und uns bemühen? Es gibt ja sowieso keine wirklichen Fortschritte.« In dieser Phase übertragen Eltern gerne die Verantwortung auf andere: »Machen Sie doch, was Sie für richtig halten.«
Erst wenn Eltern genug Zeit hatten, sich mit der neuen Situation anzufreunden, treten sie in die Phase ein, in der sie der neuen Situation angemessen gegenübertreten und entsprechend handeln können. Nun erst gelingt es ihnen, ihre ursprünglichen Lebenspläne der neuen Situation anzupassen. Erst diese Phase lässt sich als Zielstadium bezeichnen.

Der typische Verlauf der Krisenbewältigung mit seinen einzelnen Phasen ist im folgenden Diagramm noch einmal übersichtlich dargestellt:

KRISENBEWÄLTIGUNG ALS REIFUNGSPROZESS

Eingangsstadium: kognitiv, fremdgesteuerte Dimension

1. Ungewissheit

Am Beginn stehen Beobachtungen, der Vergleich mit anderen Kindern und die Frage: »Was ist eigentlich los?« Ungewissheit entsteht: »Müssen wir uns Sorgen machen?« Viele Eltern schwanken unablässig zwischen einem »Ich will es wissen« und einem »Am besten ist es, wenn ich gar nicht weiß, was los ist.«

2. Gewissheit

Es steht fest, dass eine Behinderung oder besondere Entwicklungsbedürfnisse vorliegen. Das unbeschwerte Familienglück ist zerstört.

Durchgangsstadium: emotional, ungesteuerte Dimension

3. Aggression

Die Aggression richtet sich nach außen: »Die anderen sind schuld. Was die wieder in mein Kind hineindichten!« Aggression kann sich auch auf sich selbst richten: »Warum haben gerade wir so ein Kind? Wieso trifft gerade uns solch ein Schicksal?« Gerade diejenigen, die ausgesprochen haben, was ist, sind häufig Zielscheibe dieser Aggression. Mit Hilfe ihres Widerstands gegen die Gewissheit regulieren die Betroffenen ihren »Verarbeitungshaushalt«.

4. Verhandlung

Die Familie hat sich der Gewissheit gebeugt. Sie erkennt sie an. Nun neigt sie allerdings dazu, alle möglichen Maßnahmen möglichst sofort einzuleiten. Dahinter verbirgt sich die Hoffnung, dass sich alles wieder einrenken könnte, wenn viel unternommen wird. Noch halten die Eltern also an der Möglichkeit fest, die momentane Behinderung könne bloß ein vorübergehendes Problem sein.

5. Depression

Nun hat sich die Erkenntnis durchgesetzt, dass es über einen längeren Zeitraum oder sogar lebenslang zu Beeinträchtigungen kommen wird. Eltern spüren nun, dass die Familie von ihren ursprünglichen Lebensentwürfen Abstriche machen muss. Deprimiert glauben viele Eltern, alles hätte sowieso keinen Sinn, es ändere sich ja sowieso nichts mehr.

Abbildung 2:
Krisenbewältigung als Reifungsprozess

PRAXISBEISPIELE
Wenn Erzieherinnen sich Sorgen um ein Kind machen

> **Zielstadium: aktional, selbstgesteuerte, handlungsbezogene Dimension**
>
> *6. Annahme*
> Irgendwann wissen die Eltern nicht nur um das tatsächliche Ausmaß des Problems, sie haben auch begonnen, sich darauf einzurichten. Zukunftspläne können jetzt realistisch angepasst werden. Es entsteht das Gefühl, dass die eigenen Kräfte ausreichen könnten.
>
> *7. Aktivität*
> Jetzt ist die Aktivität auf das eigene Kind und die eigene Familie gerichtet. Eltern suchen *gezielt* Rat und Unterstützung. Sie wissen jetzt, was sie und ihre Familie brauchen: »Ich nehme das jetzt selbst in die Hand, kümmere mich darum, suche nach neuen Möglichkeiten, aber überfordere mich und uns dabei nicht mehr.«
>
> *8. Solidarität*
> Die eigenen Erfahrungen mit der Krise werden von manchen Eltern nun auch anderen durch Mitarbeit in Selbsthilfegruppen oder gesellschaftliche bzw. soziale Aktivität zur Verfügung gestellt. Die Eltern haben nun auch einen persönlichen *Reifungsprozess* durchlaufen. Sie haben dazugewonnen.

Was also ist zu tun?

Nicht jede »Störung« bei Kindern ist so schwer, dass sie einen Krisenbewältigungsprozess wie oben geschildert auslöst und erfordert. Aber aus der Übersicht können ganz praktische Handlungsvorgaben für die Zusammenarbeit mit Eltern in großen und kleinen Krisen abgeleitet werden:

Frühzeitig informieren
Hella und Karin hätten sehr bald, nachdem ein erster Verdacht bei ihnen aufgetaucht ist, den Kontakt zu Frau Link bzw. zu beiden Elternteilen herstellen sollen. Abwarten macht die Situation für niemanden leichter. Erzieherinnen müssen sich einer Sache auch durchaus nicht sicher sein, bevor sie den Kontakt zu Eltern suchen.

Eltern als Experten ansprechen

Wer Eltern bereits zu einem sehr frühen Zeitpunkt anspricht, behandelt sie als Experten. Wer das tut, traut Eltern zu, dass sie durchaus in der Lage sind, sich dem Problem zu stellen, und sieht in ihnen gleichwertige Partner. Wer das tut, zeigt zudem Bereitschaft, eigene Beobachtungen als Vermutung zu behandeln und baut sehr früh auf die Hilfe und Unterstützung von Eltern. Deswegen sollten Eltern bereits bei einem ersten Verdacht bzw. nach ersten Beobachtungen unter Berücksichtigung der zwei folgenden Kriterien angesprochen werden:

- Erzieherinnen sollten die Sache so vorbringen, wie sie sich darstellt, nämlich als Vermutung: »Wir machen uns etwas Sorgen, weil... Wir wissen auch nicht genau, ob... Wir fragen uns, ob...« Auf diese Weise bleibt den Eltern nicht nur Spielraum, um eigene Überlegungen einzubringen. Eine solche Formulierung ist vor allem ehrlich und entspricht der tatsächlichen Situation.

- Zweitens sollten Eltern direkt »mit ins Boot geholt« werden, indem sie als Ratgeber gesehen werden. Das sind sie ja tatsächlich auch. Alle Eltern wissen etwas über ihre Kinder zu sagen, was Erzieherinnen nicht wissen können. Formulierungen wie »Wir brauchen deswegen Ihren Rat.« oder »Wir dachten, dass wir Sie deshalb einmal um Rat fragen.« öffnen Türen und erlauben es Eltern, sich dem Problem in ihrem eigenen Tempo zu stellen.

Nicht um den heißen Brei herumreden

Entgegen der landläufigen Meinung, dass es günstig sei, zunächst die schönen Seiten des Lebens anzusprechen, bevor ein Problem ausgesprochen wird, empfehle ich, genau dies nicht zu tun! Beide Seiten wissen oder spüren sowieso, dass es sich dabei bloß um ein Geplänkel handelt, dem das Eigentliche noch folgen wird. Statt dessen rate ich dazu, sachlich, ruhig, offen, zugewandt und sehr freundlich, aber ohne zu beschönigen auszusprechen, was gesagt werden muss. Dabei ist es wichtig, dies nicht als Tatsache hinzustellen. Die gerne benutzte Formulierung »*Wir* haben beobachtet...« ist unangebracht, weil sie sofort zu einem Unterlegenheitsgefühl des Gesprächspartners führt. Besser ist es, in der Ich-Form zu sprechen und Ich-Botschaften zu senden: »*Ich* mache mir etwas Sorgen... *Ich* wollte Sie um Rat fragen...« Beobachtungen sollten beschreibend dargestellt werden: »Ich habe Lea zugesehen, was sie tut, wenn sie alleine dasitzt und spielt. Sie sieht dabei ganz zufrieden aus. Ich bin mir aber nicht sicher, ob...«

Geduld aufbringen

Trotz aller Freundlichkeit, trotz Ich-Botschaften und beschreibender Art und Weise können sich Erzieherinnen aber nicht sicher sein, dass ein solches Gespräch harmonisch verläuft. Eltern brauchen unterschiedlich viel Zeit, um zu verdauen, was da auf sie zukommt. Deshalb sind in der Regel viele Gespräche, kürzere und längere, notwendig, bis sich in solchen Fällen eine echte Zusammenarbeit zwischen Eltern und Erzieherinnen einstellt. Leas Mutter sollte ruhig Gelegenheit bekommen, sich »angegriffen zu fühlen«. Sie als Erzieherin sollten das nicht auf sich beziehen, sondern dem mit professioneller Distanz und Freundlichkeit begegnen.

3.

»Schon wieder bleiben unsere Zettel hängen!«

Wenn Eltern auf Informationen nicht reagieren

PRAXISBEISPIELE
Wenn Eltern auf Informationen nicht reagieren

Kai Liebhardt und seine Kollegin Sonja Kern wollen die Eltern immer über das Geschehen in der Kita auf dem Laufenden halten. Kai fotografiert gerne und viel. Jede Woche hält er fest, was die Kinder tun und welche besonderen Aktivitäten angeboten werden. Am Freitag gestaltet er daraus dann eine Informationswand. Dafür druckt er extra mit dem PC großformatige Fotos und Text aus und achtet dabei darauf, dass möglichst alle Kinder immer wieder einmal in Aktion gezeigt werden. Das Tun der Kinder auf diese Weise zu dokumentieren, macht ihm großen Spaß, aber er ist auch ein wenig enttäuscht darüber, wie wenig Rückmeldung er von den Eltern erhält. Sie sehen sich zwar immer wieder die neuen Fotos an, kommen aber von selbst so gut wie nie darauf zu sprechen. Nur zweimal wurde er bisher explizit für seine zusätzliche Arbeit gelobt.

Ähnlich geht es Sonja. Auch sie erlebt wenig Resonanz auf ihre Bemühungen. Immer wenn es etwas Besonderes bei einem Kind zu vermelden gibt, schreibt sie das als kleine Geschichte auf und hängt einen Zettel für die Eltern an den entsprechenden Garderobenplatz. Wenn dann die Zettel einfach hängen bleiben oder nur lieblos eingesteckt werden, ärgert sie sich.

In einer Fortbildung hören Kai und Sonja, dass sich viele der teilnehmenden Kolleginnen und Kollegen über die vermeintliche Ignoranz der Eltern ärgern und das Gefühl haben, dass ihre Mühe nicht ausreichend honoriert wird. Dabei fordern doch die Eltern ständig, gut informiert zu werden!

Was ist hier passiert?

Sowohl die Informationswand mit Fotos als auch die kleinen Texte mit den Geschichten aus dem Alltag der Kinder sind kreative Ideen, mit deren Hilfe Eltern einen Einblick in das Alltagsgeschehen der Kita und die Erlebnisse ihres Kindes bekommen. Sonja und Kai haben sich nicht nur viel Mühe gegeben, sondern haben auch einfallsreiche Formen gefunden, wie sie Eltern »erreichen können«.

Die Frage ist nur: Wollen Eltern wirklich erreicht werden? Oder stecken hinter den Forderungen, informiert zu werden, andere Erwartungen als das, was pädagogische Fachkräfte mit ihren Aktionen bedienen?

Hinter dem Wunsch von Erzieherinnen und Erziehern, Eltern einzubeziehen und ihnen ein Bild über den Alltag ihrer Kinder zu ermöglichen, verbergen sich nämlich übrigens auch oft andere Anliegen:

- das Bedürfnis, sich selbst, die eigene Professionalität und die eigene Arbeit gut darzustellen,
- das Bedürfnis, dafür eine wertschätzende und anerkennende Rückmeldung zu erhalten, und
- der Wunsch, Eltern von etwas zu überzeugen oder zumindest ihnen etwas nahe zu bringen, was einem selbst wichtig ist.

Diese unterschiedlichen Zielsetzungen vermischen sich häufig. Das hat Einfluss auf die Auswahl der Information und deren Darstellung. Steht zum Beispiel das Ziel, die eigene Arbeit vorzustellen, im Mittelpunkt, werden andere Alltagssituationen ausgewählt und auch anders dargestellt, als wenn es primär darum geht, Eltern einen Einblick in den Kita-Alltag und speziell das Verhalten ihres Kindes darin zu geben.

Wer vor allem eine Rückmeldung möchte, muss schon direkt darum bitten bzw. nachfragen. Die Erwartung, dass Eltern dies von selbst tun, wird in der Regel nicht erfüllt. Und wer Eltern von etwas überzeugen möchte, muss erstens darauf setzen, dass Eltern dazu bereit sind und zweitens kommt er oder sie nicht um den persönlichen Kontakt herum.

Es stellt sich also die Frage, ob die zeitintensiven Bemühungen von Sonja und Kai (und den anderen enttäuschten Erzieherinnen) nicht von Beginn an mit zu vielen Erwartungen auf einmal verknüpft waren.

PRAXISBEISPIELE
Wenn Eltern auf Informationen nicht reagieren

Zudem haben die beiden im Vorfeld nicht ermittelt, in welcher Form Eltern überhaupt konkret, wozu und mit wie viel Information versorgt werden möchten? Sie haben sich zu sehr auf ihren eigenen Bewertungskontext verlassen. Sie halten ihre Aktivitäten für kreativ, anspruchsvoll oder auch liebenswürdig. Das tun ganz bestimmt manche Eltern auch, aber eben nicht alle. Es kann durchaus sein, dass es Eltern gibt, die die vielen Zettel oder die große Wandtafel als aufdringlich erleben oder als stille Aufforderung, doch alles, was im Kindergarten geschieht, bitte schön auch gut finden zu müssen. Andere übersehen sie vielleicht einfach, weil sie mit dem, was sie erleben, zufrieden sind. Wieder andere haben einfach keine Zeit oder sind nicht so geübt im Lesen und Verarbeiten von Information. Manche verstehen einfach die deutsche oder auch die pädagogische Fachsprache nicht. Wir begegnen bei Eltern eben einem durchaus sehr unterschiedlichen Informationsbedürfnis und -verhalten.

Was dahintersteckt

Dass Eltern in der beschriebenen Weise mit den schriftlichen Informationen von Erzieherinnen umgehen, ist nicht alleine dem Vermögen oder Unvermögen der Erzieherinnen anzulasten, sondern ist ganz einfach Resultat der individuell unterschiedlichen Art und Weise, wie Menschen auf Informationen reagieren. Da gibt es die einen, die sich bemühen, möglichst alles mitzubekommen, und die anderen, die sich vor der Informationsflut, die sie umgibt, schützen wollen, indem sie einfach nicht hinsehen oder Werbung absichtlich meiden. Noch mehr Unterschiede existieren in Bezug auf das, was letztlich von Interesse ist, oder auf die Art und Weise, wie man sich Information aneignet. Die einen sprechen eher auf kurze Texte an, andere eher auf Fotos. Die einen suchen ausführliche und sachliche Information, die anderen eher kurze, knappe oder exemplarische Geschichten. Manche lieben das Bunte, Kreative, andere wiederum das schlicht Dokumentarische.

Schriftliche Dokumentation hat einen nur geringen Wirkungsgrad

Eines aber gilt ganz grundsätzlich: Schriftliche Information hat den bei weitem geringsten Wirkungsgrad, wenn man Aufwand und Ergebnis in Beziehung setzt. Nicht umsonst lassen sich große Firmen immer aggressivere (und teurere) Werbekampagnen einfallen. Es gibt unterschiedliche Schätzungen, aber allgemein gehen Wirtschaftsunternehmen davon aus, dass rein schriftliche Information weniger als 5 Prozent direkten Rücklauf bewirkt. Das rechnet sich für diese Firmen zwar trotzdem, macht aber deutlich, wie wenig letztendlich damit erreicht wird. Keine noch so gute schriftliche Information kann den persönlichen Kontakt ersetzen und alle schriftliche Information ist doppelt und dreifach so viel wert, wenn sie mit persönlicher Ansprache verbunden wird.

Genau überlegen: Wen möchte ich wie und womit ansprechen?

Wenn ich die schriftliche Form der Ansprache wähle, muss ich vorher gut überlegen,

1. was genau ich damit erreichen möchte – meine Ziele,
2. wen ich damit vor allem ansprechen möchte – meine Zielgruppe, und
3. was *genau* ich mitteilen möchte – meine Botschaft.

Wenn ich zum Beispiel eine Infowand gestalte wie Kai, könnten meine Antworten eventuell folgendermaßen lauten:

1. Ich möchte, dass Eltern ihre Kinder auf den Fotos wiederfinden. Ich möchte, dass sie in Ausschnitten einen vagen Einblick davon erhalten, was ihre Kinder bei uns tun. Schließlich sollen die Texte beschreiben, was auf den Fotos nicht zu sehen ist und was den gezeigten Aktionen entweder vorausging bzw. folgte. Das möchte ich ausschließlich beschreibend tun.

2. Meine Zielgruppe sind zum einen diejenigen Eltern, die sich von Fotos *ihrer* Kinder anregen lassen und eventuell danach suchen. Zum anderen möchte ich denen zusätzliche Informationen geben, die sich darüber hinaus für das Alltagsgeschehen in unserem Kindergarten interessieren. Die Fotos sollen dies auch solchen Eltern ermöglichen, die sich in der deutschen Sprache nicht so sicher fühlen. Ich möchte ca. 30 Prozent der Eltern erreichen.

3. Meine Botschaften sollen sein: Die Kinder lernen viel in Alltagssituationen. Die Kinder sind viel in Bewegung, finden aber auch Ruheplätze. Die Kinder sind aktiv, es geht ihnen gut, aber sie dürfen auch einmal traurig sein oder sich langweilen. Auch Streit gehört zum Alltag. Ich wähle Fotos aus, die diese Botschaften transportieren.

Was also ist zu tun?

Eltern nach ihrem *konkreten* Informationsbedürfnis befragen

Es lohnt sich, Eltern danach zu befragen, worüber, in welchem Umfang und in welcher Form sie überhaupt informiert werden *möchten*. Das kann mittels eines Fragebogens (verbunden mit persönlicher Ansprache) am besten im Ankreuzverfahren geschehen. Der Wert dieser Umfragen steigt dabei mit der Konkretheit der Ankreuzmöglichkeiten. Auch stichprobenartige Umfragen sind denkbar. Elternrat oder Eltern auf Elternabenden können natürlich auch direkt dazu Auskunft geben.

Ein solcher Fragebogen zum Informationsbedürfnis wird hier vorgestellt. Jedes Team muss aber unbedingt selbst überlegen, welche Fragen es konkret stellen möchte. Der folgende Bogen soll deswegen nur *ein* mögliches Beispiel dafür darstellen:

Liebe Mutter, lieber Vater,

wir möchten gerne erfahren, worüber Sie regelmäßig informiert werden möchten, wie wichtig Ihnen diese Informationen sind und in welcher Form Sie am liebsten informiert werden möchten, und bitten Sie deshalb, die folgenden Fragen zu beantworten:

Welche Information?	Wie oft und wie?
1. Informationen über Ihr eigenes Kind: Hat sich Ihr Kind den Tag über wohlgefühlt? Womit hat es sich besonders intensiv beschäftigt? Was ist uns Neues oder Überraschendes an ihm aufgefallen? Hatte Ihr Kind ausreichend Gelegenheit, sich zu bewegen? weitere Punkte:	☐ täglich ☐ wöchentlich ☐ einmal monatlich ☐ seltener ☐ am liebsten im Gespräch ☐ am liebsten schriftlich
2. Informationen über unsere Arbeit und den Alltag in unserer Kita: Von welchen pädagogischen Leitgedanken lassen wir uns führen? In welcher Weise unterstützen wir das Lernen Ihres Kindes? Weshalb machen wir heute weniger angeleitete Angebote an Kinder als früher? Wie ist der Alltag der Kinder in unserer Kita gestaltet? Wie verschaffen wir uns einen Überblick darüber, was Ihr Kind tut? weitere Punkte:	☐ täglich ☐ wöchentlich ☐ einmal monatlich ☐ seltener ☐ am liebsten im Gespräch ☐ am liebsten schriftlich
3. Informationen zu allgemeinen pädagogischen Themen: Wie lernen Kinder am besten? Wie können Sie das Lernen der Kinder zu Hause unterstützen? Wie oft soll man Kindern etwas verbieten? Ist es gut für die Kinder, wenn sie viel selbst entscheiden können? weitere Punkte:	☐ täglich ☐ wöchentlich ☐ einmal monatlich ☐ seltener ☐ am liebsten im Gespräch ☐ am liebsten schriftlich

Abbildung 3:
Formular »Elternfragebogen«

PRAXISBEISPIELE
Wenn Eltern auf Informationen nicht reagieren

Aufwand und Ergebnis in Beziehung setzen
Sie müssen überlegen, ob der Aufwand, den Sie für schriftliche Information betreiben, sich wirklich lohnt. Sie müssen sich überlegen, ob die Zeit, die Sie dafür aufwenden, nicht besser in mehr persönlichen Kontakt und unmittelbare Kommunikation gesteckt werden sollte.

Ein Beispiel: Fast überall werden Eltern mit diversen Listen und schriftlichen Benachrichtigungen über mitzubringende Sachen oder Termine konfrontiert. Und ebenso fast überall ärgern sich Erzieherinnen, dass Eltern dann doch vergessen, was auf diesen Zetteln steht oder sich erst gar nicht in Listen eintragen, weil sie diese schlicht übersehen. Manchmal folgen dem ersten Zettel ein zweiter und dann doch noch die persönliche Ansprache. Warum also nicht gleich darauf setzen? Die direkte mündliche Kommunikation ist letztendlich auch nicht zeitaufwendiger, hat aber den großen Vorteil, dass ich mich auf die individuellen Bedürfnisse und Informationsmuster meines Gegenübers einstellen kann.

Mir über mein Ziel im Klaren sein
Damit die Enttäuschung sich in Grenzen hält, ist es sinnvoll, sich zu überlegen, um was es mir eigentlich genau geht. Die Alternativen sind oben beschrieben. Etwas Bescheidenheit in Bezug auf mein Ziel erhöht die Zufriedenheit über das Ergebnis!

Gezielt auswählen, was ich mitteilen möchte
Auch das ist ein Punkt, der in den meisten Fällen nicht genau genug durchdacht wird. Es ist unbedingt notwendig, sich auf wenige, dafür aber wesentliche Botschaften zu beschränken. Die Gefahr, sich ansonsten zu »verzetteln«, ist groß. Und die Adressaten wissen dann nicht mehr, worum es eigentlich geht. Sinnvoll ist es, wenn sich Teams gemeinsam darüber Gedanken machen, welche inhaltlichen Botschaften sie im nächsten viertel oder halben Jahr in den Mittelpunkt rücken möchten. Dabei gelten zwei Grundsätze:
1. Nicht mehr als zwei bis drei Botschaften.
2. So konkret wie möglich formulieren, worum es uns geht.

Wenig, aber regelmäßige Information bieten

Niemand kann unbeschränkt Informationen aufnehmen. Jeder wählt instinktiv aus. Unsere Sinne schützen uns damit vor Reizüberflutungen, die wir nicht mehr verarbeiten können. Außerdem müssen die Informationen, damit sie überhaupt wahrgenommen werden, so gesetzt sein, dass sie sich als neu und wichtig herausheben. Deswegen auch hier zwei praktische Tipps:

1. Für Eltern nur aushängen, was unbedingt notwendig ist. Alles andere lieber mündlich im unmittelbaren Kontakt klären. Je weniger überfüllt die Wände sind, umso mehr wird Wichtiges wahrgenommen, wenn es ausgehängt wird.
2. Regelmäßig, das heißt mindestens alle 14 Tage, überprüfen, was noch hängen kann und was nicht. *Nichts* länger als zwei Monate hängen lassen, auch keine noch so schöne Fotodokumentation.

Vorteilsansprache

Eine wichtige Grundlage, wenn es darum geht, Eltern zu informieren oder für etwas zu gewinnen, ist die sogenannte Vorteilsansprache. Kurz gesagt geht es bei dieser aus der Werbung stammenden Denkweise und Methode darum, die jeweilige Angelegenheit konsequent auch aus der Perspektive der Angesprochenen zu denken und entsprechend zu formulieren. Man müsste sich also fragen: Welchen Vorteil haben Eltern von diesem oder jenem Angebot oder von dieser oder jener Information? Diesen Vorteil herauszustellen und in den Mittelpunkt der Argumentation zu rücken, das ist mit Vorteilsansprache gemeint.

Ein paar Beispiele (*entnommen aus Klein/Vogt 2008, S. 124*):
- Statt »Kommen Sie bitte am… um… zu…« würde es in der Vorteilsansprache heißen: »Wenn Sie am… um… an… teilnehmen möchten, sind Sie herzlich willkommen.«
- Statt »Wir sollten mal wieder über die Entwicklung Ihres Kindes sprechen…« würde es in der Vorteilsansprache heißen: »Sie fragen sich sicher, wie es Ihrem Kind bei uns geht. Darüber können wir Ihnen Auskunft ge-

PRAXISBEISPIELE
Wenn Eltern auf Informationen nicht reagieren

ben. Gerne möchten wir auch Ihre Sichtweise zur Entwicklung Ihres Kindes kennen lernen...«
- Statt »Das haben wir zu bieten...« würde es in der Vorteilsansprache heißen: »Das können Sie von uns erwarten...«

Benutzen Sie die folgende Checkliste zur Formulierung schriftlicher Botschaften an die Eltern:

CHECKLISTE ELTERNMITTEILUNGEN

- Die Adressaten direkt ansprechen: »Damit *Sie* sich bei uns zurechtfinden...«

- Adressaten nicht passiv ansprechen, sondern aktiv sein lassen: Statt der passiven Form »Das haben wir Ihnen zu bieten...« die aktive: »Das können Sie von uns erwarten...« wählen.

- Jede Formulierung aus der Sicht der Adressaten: »Die Ideen *Ihres* Kindes bestimmen unseren Alltag.«

- Den Vorteil, den eine Angelegenheit für die Adressaten hat, herausstellen und in den Mittelpunkt rücken (Vorteilsansprache).

- Keine Appelle und Erwartungen, auch nicht versteckt: »Wir würden uns sehr freuen, wenn Sie alle kommen würden.« Besser: »Wir freuen uns auf Sie.« oder »Sie sind herzlich willkommen.« Immer signalisieren, dass die Entscheidung alleine bei den Adressaten liegt: »Wenn Sie Lust haben...«, »Vielleicht haben Sie Interesse...«.

Abbildung 4:
Checkliste Elternmitteilungen

4.

»Also, wenn ich die Mutter von Sarah wäre ...«

Wenn sich Sichtweisen unterscheiden

PRAXISBEISPIELE
Wenn sich Sichtweisen unterscheiden

Erzieherin Tanja Klages hat immer wieder Schwierigkeiten mit Sarahs Mutter. Sarah bekommt ihrer Meinung nach einfach zu wenige Grenzen gesetzt. Fast jeden Tag kommt sie mit Süßigkeiten oder einer neuen Puppe in den Kindergarten. Mit ihren knapp vier Jahren trägt sie schon Markenkleidung. Einmal kam sie morgens sogar in Strümpfen an und Frau Henning hat ihr die Schuhe hinterhergetragen!

»Sarah soll lernen, selbst zu entscheiden, was sie mag. Mein Mann und ich meinen, je früher das geschieht, umso besser ist es für sie. Klar, dass Sarah dabei ein paar Dinge tut, die wir Erwachsenen nicht so toll finden. Aber ein Kind mit einem eigenen Kopf ist uns allemal lieber als ein ganz und gar angepasstes«, erwidert Sarahs Mutter, wenn Tanja sie darauf anspricht.

Auch bei der Abholsituation zeigt sich in Tanjas Augen, wie wenig Grenzen Sarah von ihrer Mutter gesetzt bekommt. Immer öfter bleibt diese noch im Kindergarten, weil Sarah noch nicht nach Hause gehen möchte. Tanja ist der Meinung, Frau Henning verwöhne Sarah viel zu sehr. Sie kann einfach nicht verstehen, wie man sich als Mutter ständig von der eigenen Tochter diktieren lassen kann, was man tun soll.

Innerlich ärgert sie sich vor allem darüber, dass ihre eigenen Bemühungen bei Sarahs Mutter so offensichtlich abprallen und sie nur »besserwisserische Antworten« erhält.

Was ist hier passiert?

Tanja meint es gut. Sie möchte Frau Henning auf einige Dinge aufmerksam machen, die ihr aufgefallen sind und an denen ihr etwas liegt. Die Kommunikation, die dabei in Gang gesetzt wurde, verläuft auf vier unterschiedlichen Ebenen. Versuchen wir einmal, das Ganze zu entwirren, zeigen sich folgende unterschiedliche Bezüge:

1. Zum einen geht es um das Kind: Berechtigterweise denkt Tanja darüber nach, wie sich Sarah entwickeln wird, wenn ihr eine klare Orientierung von Seiten ihrer Eltern scheinbar fehlt. Grenzen sind in der Tat aus vielen Gründen wichtig für ein Kind. Grenzen sind ein Beziehungsangebot. Ein Kind muss (wie jeder Mensch) wissen, wo die persönlichen Grenzen des anderen verlaufen, damit es sie respektieren kann. Kennt es sie nicht, kann es sie auch nicht achten. Grenzen dienen auch der Orientierung und der Sicherheit. Sie legen den Handlungsspielraum fest. Das ist etwas Sicheres und Klares. Natürlich dürfen sie andererseits auch nicht zu sehr einschränken. Tanja weiß das alles und macht sich deshalb, wie offensichtlich Sarahs Mutter auch, ihre Gedanken.

2. Auf der Erwachsenenebene geht es aber auch darum, wer die besseren Argumente hat. Tanja muss sich mit der Sichtweise von Sarahs Mutter auseinandersetzen. Sarahs Mutter würde die allgemeinen Aussagen über die Bedeutung von Grenzen wahrscheinlich teilen. Sie kommt jedoch im Umgang mit ihrer Tochter zu ganz anderen konkreten Schlussfolgerungen und zieht auch ihre persönlichen Grenzen ganz anders, als Tanja es erwartet. Für Frau Henning sieht die Balance zwischen Freiheit und Grenzen eben anders aus als für Tanja. Wer hat nun Recht?

3. Auch die persönliche Beziehung zwischen Mutter und Erzieherin sowie die jeweilige Rollenzuweisung spielen in die Kommunikation herein: Wie sagt man als Erzieherin einer Mutter und insbesondere *dieser* Mutter, dass man ihre Erziehungsmethoden kritisch sieht oder sogar ausdrücklich ablehnt? Darf sich das eine Erzieherin überhaupt erlauben? Wie ist denn eigentlich die Beziehung zwischen beiden gestaltet? Ist die Erzieherin hier auch Beraterin in Erziehungsfragen oder ist sie lediglich für die Betreuung des Kindes im Rahmen der Kita zuständig? Und die Mutter? Muss sie sich eigentlich bezüglich ihrer Vorstellungen von »guter Erziehung« vor der Erzieherin rechtfertigen? Hier geht es also auch darum, wie beide überhaupt zueinander stehen und wo ihre auch durch ihre unterschiedlichen Rollen festgelegten Zuständigkeiten verlaufen.

PRAXISBEISPIELE
Wenn sich Sichtweisen unterscheiden

4. Schließlich geht es auch um Tanjas eigene Gefühle: Weshalb stört eigentlich das Verhalten von Sarahs Mutter Tanjas Kollegin bei weitem nicht so sehr wie sie selbst? Sicher, auch sie teilt Tanjas Meinung bezüglich der Notwendigkeit des Grenzen-Setzens. Aber sie findet das alles noch einigermaßen im Rahmen eines normalen Elternverhaltens, während Tanja diese Grenze schon längst überschritten sieht. Tanja fühlt sich irgendwie von Frau Henning missachtet und abgewertet. Am liebsten würde sie Frau Henning einmal »richtig die Meinung sagen«, was ihre Kollegin wiederum für reichlich übertrieben hält.

Tanja fällt es sehr schwer, diese Ebenen auseinander zu halten. Das ist ihr nicht anzukreiden, sondern ganz natürlich. Sie spürt innerlich Entrüstung, Enttäuschung, Abwertung und Hilflosigkeit. Eigentlich meint sie es ja gut. Sie möchte helfen, nicht verurteilen. Ihre Hilfe aber wird nicht angenommen, das verbittert sie. Und so spürt sie den Ärger wie einen Kloß im Bauch, ein Gefühl, das eine distanzierte professionelle Betrachtungsweise kaum mehr zulässt.

Das Problem ist, dass Tanja sozusagen auf *zwei Stühlen* gleichzeitig sitzt, einem eher *privaten* und einem *professionellen*. Auf ihrem privaten Stuhl geht es um ihre Gefühle. Diesen muss sie Respekt entgegenbringen. Sie darf sie weder verleugnen noch wegdrücken. Gefühle sind immer richtig! Bloß, sie muss wissen, es sind *ihre* Gefühle. Nicht die Mutter ist daran schuld. Das Verhalten der Mutter löst diese Gefühle bei ihr zwar aus. Dass es sie aber auslösen kann, liegt daran, dass Tanja dafür empfänglich ist. Woran das liegt, könnte Tanja innerhalb einer Supervision klären, wenn sie möchte. Sie darf dies aber nicht der Mutter vorwerfen. Die eigenen Gefühle lassen sich nicht ausschalten. Es ist aber wichtig, sie innerhalb der komplexen Situation als eigenen Anteil zu identifizieren.
Auf dem professionellen Stuhl handelt und denkt Tanja ganz anders. Hier bezieht sie sich auf den fachlichen Aspekt und geht auf die Anliegen der Mutter ein.

Was dahintersteckt

Die Beziehung zwischen Erzieherinnen und Eltern ist eine sehr komplexe und schwierige Beziehung – und leider auch eine wenig reflektierte. Viel zu leichtfertig wird »Erziehungs-« oder »Bildungspartnerschaft« einfach proklamiert. Selbst eine gute Zusammenarbeit ist nicht in allen Fällen erreichbar. Zunächst einmal ist es notwendig, sich darüber klar zu werden, dass es sich um eine grundsätzlich konkurrierende Beziehung handelt. Zwischen beiden Seiten besteht also Konkurrenz! Keine Seite ist daran »schuld«. Zusammenarbeit und Konkurrenz müssen sich zwar nicht ausschließen, sind aber zunächst einmal ein gegensätzliches Paar.

Erst wenn wir versuchen, Konkurrenz einmal ohne Bewertung zu betrachten und ihre Existenz als *zwangsläufig* anerkennen, gelingt es, produktiv mit ihr umzugehen. Professor Reinhart Wolff, Erziehungswissenschaftler aus Berlin, hat beschrieben (*Wolff 1996*), weshalb die Beziehung zwischen Eltern und Erzieherinnen so schwierig ist.

Die Beziehung zwischen Erst- und Zweiterziehern

Sie ist nämlich in erheblichem Maße davon beeinflusst, dass Eltern die Ersterzieher, während Erzieherinnen »nur« die Zweiterzieherinnen der Kinder sind. Kinder kommen in den Kindergarten stets als »bereits Erzogene«. Ihr primärer und existenziell grundlegender Lebensraum ist weiterhin nicht die Kindertagesstätte, sondern die Familie. Aber als Zweiterzieher wird man quasi »miterzogen«, weil einem gar nichts anderes übrig bleibt, als sich auf das zu beziehen, was schon vorher war oder jeweils abends oder am Wochenende passiert. Daraus ergibt sich eine Reihe von nicht auflösbaren Dilemmas:

1. *Das Dilemma von Nähe und Distanz*
   Ob Erzieherinnen wollen oder nicht, sie befinden sich in einem Beziehungsdreieck zusammen mit dem Kind und seinen Eltern. Immer schwingt die Frage mit, wessen Kind es ist? Erzieherinnen sehen sich der Aufgabe gegenüber, eine Balance zwischen Nähe und Distanz sowohl

PRAXISBEISPIELE
Wenn sich Sichtweisen unterscheiden

zum Kind wie zu den Eltern zu finden. Der alleinige »Rückzug« auf eine bloß distanzierte, scheinbar »professionelle« Rolle hilft ebenso wenig wie das bloße Gefühl, dass man das Kind doch gern hat.

2. *Das Autoritätsdilemma*
Als Zweiterzieherinnen, die nicht das letzte Wort zum Kind haben können, empfinden Erzieherinnen ein gewisses Bedürfnis nach Anerkennung durch die Ersterzieher. Dieses Bedürfnis ist legitim. Erzieherinnen brauchen sich deswegen nicht zu schämen. Hinzu kommt, dass Erziehung und in gewissem Maße auch Bildung nicht nur das Privileg ausgebildeter Experten sind. Wer zwar professionell ausgebildet, aber im Umgang mit dem Kind nur »Zweiter« ist, stellt sich natürlich die Frage, was das Gelernte dann noch wert ist.

3. *Das Kontinuitätsdilemma*
Bin ich Zweiterzieherin, ist mein Engagement für das Kind von vornherein zeitlich begrenzt. Daraus entsteht zuweilen ein Gefühl vergeblicher Mühe. Andererseits kann diese zeitliche Begrenztheit auch als Selbstbetrug den Blick auf den eigenen Anteil verstellen und von eigenen Defiziten ablenken.

4. *Das Übertragungsdilemma*
Erzieherinnen, Lehrerinnen und Eltern stehen sich nicht nur als solche gegenüber. Eigene Kindheits- und Elternerfahrungen sind mit im Spiel. Die Frage ist immer: Als was steht man sich gegenüber: als Kind den Eltern, als Eltern den Eltern, als Erwachsener den Eltern, als Erwachsener den Erwachsenen, als Kind dem Kind etc.

5. *Das Arbeitnehmerdilemma*
Arbeitnehmer sind im Prinzip austauschbar, ihr Einsatz und ihre Arbeitskraft werden bezahlt. Nüchtern betrachtet, bieten Erzieherinnen eine Dienstleistung gegen einen bestimmten Lohn an. Weil aber im pädagogischen Rahmen eigenes Leben und Arbeit bzw. die ganze Person

und die professionelle Rolle so eng verknüpft sind, fällt eine saubere Trennung schwer.

6. *Das Konkurrenzdilemma*
Konkurrenz ist prinzipiell immer im Spiel und kann nicht beseitigt werden. Auf beiden Seiten begegnen sich Erwachsene, die auf dem Feld der Erziehung darum ringen, die »Besseren« zu sein. Diese Konkurrenz wird dann am deutlichsten, wenn eigene Familienbilder in Frage gestellt werden. Wir alle haben unsere Vorstellungen davon, was »gute Eltern« sind oder eine »gute Familie«. Wir verbinden das mit sehr unterschiedlichen Mustern und Verhaltensweisen: wiederkehrende Rituale (Geburtstag, Weihnachten), Regeln (etwa beim Essen oder beim Ins-Bett-Gehen), Gewohnheiten (sonntags lange schlafen oder nicht ...), Lebenspläne (»Unser Kind soll einmal studieren ...«), Tabus (worüber man besser nicht spricht), Mottos (»In der Öffentlichkeit reden wir nicht schlecht über unsere Familie.«) oder Rollenzuweisungen (Was tut der Vater, was die Mutter?). Dieses Sammelsurium macht das Bild aus, das wir von einer funktionierenden Familie im Gepäck haben. Und ob wir es wollen oder nicht, messen wir daran unentwegt andere Familien.

Ein Dilemma befindet sich jenseits persönlicher Schuld. Niemand kann etwas dafür. Dilemmas existieren einfach und sind nicht zu ändern. Sie resultieren aus den jeweiligen Gegebenheiten. Es geht darum, sich darüber im Klaren zu sein und zu erkennen, was der eigene Anteil daran ist.

Uneinigkeit und Auseinandersetzung gehören dazu
Hinzu kommt noch: In Kindertagesstätten existiert ein diffuses Harmoniebedürfnis. Streit und Uneinigkeit gelten als Mangel, als Fehler oder als Ergebnis von persönlichen Unzulänglichkeiten. Dass Streit und Uneinigkeit nicht nur normal sind, sondern sogar auch ein wichtiger Motor für Entwicklung, fällt schwer zu akzeptieren. Daraus resultiert eine gewisse Neigung, beides auf jeden Fall zu vermeiden. Dass es zuweilen notwendig und außerordentlich produktiv sein kann, Unterschiede nicht zuzukleistern,

sondern zu benennen und auszuhalten, hat in vielen Kindergartenteams fast etwas von einem Tabu. Auch das wird in unserem Beispiel deutlich: *Eigentlich* bräuchte sich Tanja doch gar nicht über die andere Sichtweise von Frau Henning *ärgern*. Hier treffen doch lediglich zwei sehr verschiedene Sichtweisen aufeinander, die, sofern sie einmal benannt sind, verglichen, beschrieben und diskutiert werden können.

Was also ist zu tun?

Den eigenen Gefühlen Raum geben

Tanjas Gefühle sind nicht falsch! Sie sind Ergebnis der eigenen Biografie ebenso wie einer objektiv schwierigen Beziehung. Tanja braucht zweierlei: Sie braucht jemanden, bei dem sie ihren Gefühlen freien Lauf lassen kann. Sie *darf* Sarahs Mutter nicht leiden mögen! Das muss sie formulieren und zeigen dürfen. Sie darf dies nur nicht zur Grundlage ihres Handelns gegenüber Frau Henning machen. Im Übrigen hat jede Erzieherin immer wieder einmal mit Eltern zu tun, die sie – aus welchen Gründen auch immer – nicht leiden kann.

Zweitens wäre professioneller Rat sehr nützlich, am besten im Rahmen einer Supervision, in der Tanja sich ihrer eigenen Anteile an dieser komplizierten Beziehung klar werden kann. Sind sie einmal als solche erkannt, werden sie nicht mehr dem Schuldenkonto von Frau Henning zugeordnet. Das erleichtert die Begegnung kolossal. Wer keine Gelegenheit hat, sich eine Supervision zu gönnen, kann sich auch selbst die folgenden Fragen stellen:

- Was macht für mich eine »gute Familie« aus?
- Was ist mir daran besonders wichtig und weshalb?
- Kann ich es vielleicht nicht doch zulassen, dass andere Menschen andere Familienbilder entwickeln, die meinen Vorstellungen von der perfekten Familie widersprechen?
- Was würde passieren, wenn ich das täte?

Unterschiede benennen und dadurch bearbeitbar machen

Nehmen wir einmal an, Tanja gelänge es, *ohne Ärger im Bauch* (oder zumindest mit nur wenig, denn den hat sie ja in einer Supervision bearbeitet) gegenüber Frau Henning etwa Folgendes zu formulieren: »Ich weiß, dass Sie gute Gründe haben, Sarah sehr viel Freiheit zu lassen und ihren Entscheidungsspielraum so groß zu halten, wie Sie das tun. Ich möchte Ihnen da auch nicht hineinreden. Sie sind schließlich Sarahs Mutter, nicht ich. Ich würde Ihnen aber gerne einmal meine etwas unterschiedliche Sichtweise erläutern, damit wir unsere Einstellung in diesem Punkt kennen und besser mit den Unterschieden umgehen können.« Könnte sich daraus nicht ein wirklich produktives Gespräch entwickeln, eines ohne Gewinner und Verlierer? Damit dies möglich wird, müssen aber die Unterschiede erst einmal ganz ohne Vorhaltungen benannt und beschrieben werden.

Die Eltern über das eigene Tun auf dem Laufenden halten

Tanja geht natürlich mit Sarah anders um als Sarahs Mutter. Und Frau Henning hat das Recht, darüber informiert zu sein. Hier geht es überhaupt nicht um Rechtfertigung. Es geht darum, darüber ins Gespräch zu kommen, wie beide Seiten am besten mit dem Anderssein des jeweils anderen umgehen können, ohne Sarah in einen Loyalitätskonflikt zu stoßen. Es geht um Information! In einem Punkt sind sich die beiden Frauen nicht gleich und auch nicht einig. Sie wollen (und können) gar nicht anders, als sich Sarah gegenüber unterschiedlich zu verhalten. Das ist an sich ja nicht tragisch. Keine darf allerdings die andere erziehen wollen und sich ihr als die bessere Erzieherin präsentieren. Jede muss die unterschiedliche Sichtweise der anderen respektieren (nicht übernehmen!). Darüber können sie sich verständigen. Es kann in diesem Prozess durchaus auch zu Annäherungen kommen, aber grundsätzlich geht es erst einmal darum, die jeweils andere Seite über das eigene Tun zu *informieren*. Wobei die Informationen keinen Appellcharakter haben dürfen!

PRAXISBEISPIELE
Wenn sich Sichtweisen unterscheiden

Die Beziehung klären

Das ist sicherlich nur in seltenen Fällen notwendig. Wenn sich aber die versteckte Konkurrenz zwischen Erzieherinnen und Eltern in der Weise manifestiert wie in unserem Beispiel, kann es notwendig sein, unter Umständen auch die Art anzusprechen, in der beide Seiten zueinander stehen. Das ist zugegebenermaßen nicht leicht. Die passenden Worte müssen gefunden werden, die richtige Situation usw. Es hilft aber, sich zumindest selbst darüber klar zu werden: Will ich Beraterin der Mutter sein oder will ich sie davon überzeugen, dass ich doch Recht habe, will ich sie also erziehen? Will ich wirklich eine gute Zusammenarbeit mit ihr erreichen oder ist das Ziel in diesem Fall einfach zu hoch gesteckt? Gut wäre auch, die Eltern direkt nach ihren diesbezüglichen Erwartungen zu befragen. Es ist zuweilen sehr überraschend, was Eltern darauf antworten. Wer darf eigentlich was und was erwartet der eine vom anderen?, das sind die Fragen, um die es hier geht.

5.

»Ich würde da gerne mal mit Ihnen über etwas reden...«

Die eigenen Grenzen wahren

PRAXISBEISPIELE
Die eigenen Grenzen wahren

Es ist 7.55 Uhr und in der Kita kommen nach und nach die Kinder an. Es gibt Kinder, die sich auf den Kindergarten gefreut haben, es gibt müde Kinder und solche, die mitten aus einem Konflikt mit Mama oder Papa heraus gebracht werden. Eltern möchten noch schnell dies oder das loswerden. Erzieherin Connie Schmenger hat also jede Menge zu tun. Gerade hat sie eine Dreijährige auf dem Schoß, die weint, weil sie sich nur schwer von ihrer Mutter lösen kann.

Mitten in diesen Trubel platzt Frau Koch, die Mutter von Malte. Sie ist wütend: »Beim Bettbringen gestern habe ich einen riesigen blauen Fleck auf Maltes Rücken entdeckt. Er hat erzählt, dass das der Dennis war. Können Sie nicht besser aufpassen? Immer wieder muss Malte unter Dennis leiden. So etwas darf nicht mehr vorkommen...« Sie ist vollkommen in Rage und kaum zu stoppen.

Connie weiß nicht, wie sie reagieren soll. Frau Koch überfällt sie nicht zum ersten Mal zwischen Tür und Angel. Am liebsten würde sie ihr laut und deutlich klarmachen, dass sie jetzt stört. Aber sie will doch freundlich bleiben und so sagt sie schließlich in einer Redepause von Frau Koch: »Es tut mir leid, aber wir haben zwanzig Kinder, da kann es schon mal passieren, dass... Sie wissen ja, Sie können jederzeit zu mir kommen, aber im Moment ist es leider schlecht...«

Das führt bloß dazu, dass Frau Koch noch wütender wird. Mittlerweile haben auch die Kinder die Auseinandersetzung bemerkt. Irgendwann droht Frau Koch damit, sofort zur Leiterin zu gehen, und verlässt schimpfend den Raum. Connie bleibt mit einem ungeten Gefühl zurück.

Was ist hier passiert?

Connie hat sich nicht provozieren lassen und ist somit nicht auf die angebotene Konfliktebene eingestiegen. Vielleicht hat sie auch gespürt, dass bei Frau Koch wahrscheinlich noch andere Gefühle mitschwingen, z.B. das

Gefühl, als Mutter zu versagen, oder auch das, mit den eigenen Anliegen nicht wirklich wahr- und ernst genommen zu werden.

Connie ist also zugewandt geblieben und hat, obwohl die Situation für ein solches Gespräch denkbar ungeeignet war, sogar Bereitschaft gezeigt, auf Frau Kochs Anliegen einzugehen. Aber genau da liegt ein Problem: Connie hat sich gerechtfertigt. Sie hat keinen Weg gefunden, einerseits auf Frau Kochs Anliegen einzugehen, sich gleichzeitig aber in adäquater Weise gegenüber ihren pauschalen Vorwürfen abzugrenzen und ihr deutlich zu machen, dass jetzt nicht der richtige Zeitpunkt für ein Gespräch ist.

Frau Koch ist es zudem gar nicht zu verdenken, dass sie auftritt, wie sie auftritt. Sie hat nicht nur nicht deutlich erfahren, dass Connie das nicht möchte. Sie hat sogar darüber hinaus gehört: »Sie wissen ja, Sie können *jederzeit* zu mir kommen...« Kein Wunder, dass sie das »aber im Moment ist es leider schlecht« nicht wahrnimmt. Bei einer solch verwirrenden Doppelbotschaft kann sie für sich bloß das herausziehen, was ihr am besten passt.

Hinzu kommt, dass Connie während der ganzen Auseinandersetzung sitzen geblieben ist und Frau Koch auch körperlich sozusagen »das Feld überlassen hat«. Connie hat offensichtlich nicht gut genug gelernt, ihre eigenen Grenzen anderen gegenüber zu wahren.

Was dahintersteckt

Wie viele andere Menschen in helfenden Berufen kann sich offensichtlich auch Connie nur schwer vorstellen, dass Abgrenzung und Wertschätzung *nebeneinander und gleichzeitig* möglich sind. Sie befürchtet, dass die Beziehung zu ihrem Gegenüber gefährdet ist, wenn sie »zu deutlich« wird. Bei Berufen, in denen das Helfen, Unterstützen und Für-jemand-anderen-da-Sein im Vordergrund steht, ist die Fähigkeit, sich richtig abgrenzen zu können, jedoch besonders notwendig. Wem dies nicht gelingt, der kann seinen Beruf nicht professionell ausüben und wird bald überfordert sein.

PRAXISBEISPIELE
Die eigenen Grenzen wahren

Grenzen sind ein Beziehungsangebot

Auch wenn es kurzzeitig Verstörungen oder Ärger hervorruft, jemandem die eigene Grenze deutlich zu machen, stärkt es dennoch die Beziehung. Jeder weiß aus eigener Erfahrung, dass Beziehungen erst dann dauerhaft Bestand haben, wenn beide Seiten die Grenzen des jeweils anderen kennen und deshalb respektieren können. Deshalb ist es *notwendig und unerlässlich*, andere unmissverständlich auf die eigenen Grenzen hinzuweisen und Grenzen als Beziehungsangebot zu betrachten. Die Frage ist bloß: Wie mache ich das, ohne den anderen anzugreifen oder zu beschämen?

Eine wichtige Regel besteht darin, Handlungen oder Gesagtes zurückzuweisen, aber *nicht* die Person. Ich muss also dem anderen mitteilen, in welcher Weise seine Handlung oder das, was er sagt, *meine* Grenze überschreitet, darf ihn aber nicht abwerten, darf ihm kein schlechtes Gewissen machen oder ihm Schuld zuweisen. Ich muss deutlich machen: Ich richte nicht über das, was du tust, aber hier wird eine meiner Grenzen überschritten.

Dabei bleibe ich freundlich und ruhig. Ich sage einfach, was *ich* möchte. Ich mache keine Bemerkungen über das Verhalten meines Gegenübers und bringe auch gestisch, mimisch oder durch die Tonlage keine Abfälligkeit zum Ausdruck. Weiter unten findet sich ein Beispiel, wie das konkret aussehen kann. Dazu braucht es innere Gelassenheit und Ruhe. Das gelingt nur, wenn ich mir innerlich uneingeschränkt das Recht einräume, meine Grenzen zu wahren, und deshalb keine anderen Gefühle mit ins Spiel kommen, etwa ein schlechtes Gewissen oder Wut darüber, dass mich mein Gegenüber in eine solch unangenehme Situation bringt.

In Connies Situation ist es hilfreich, sich innerlich klarzumachen: Ich habe eigentlich keine Veranlassung, mich über Frau Koch zu ärgern. Sie tut bloß, was *sie* für richtig hält. Sie bemerkt vielleicht gar nicht, dass sie meine Grenze im Augenblick übertritt. *Das* muss ich ihr deshalb noch einmal so deutlich sagen, dass sie es trotz ihrer starken Gefühle wahrnehmen kann. Im Anschluss können wir ja (zu gegebener Zeit) über das sprechen, worum es inhaltlich geht.

Viele Gefühle sind im Spiel

Der Umgang mit Grenzen ist aus vielen Gründen schwierig. Unter anderem riskiert man immer Ablehnung, Wut, Zorn oder Ärger als Reaktion. Niemand bekommt schließlich gerne eine Grenze gesetzt. Das aber zieht noch lange keinen Beziehungsabbruch nach sich. Negative Gefühle verrauchen auch wieder und gerade dann ist oft ein guter Augenblick, die Angelegenheit in Ruhe zu besprechen.

Schwierig ist auch, wenn das Gegenüber *bei mir* Gefühle aktiviert, die eigentlich nichts mit der Angelegenheit zu tun haben, um die es geht. Connie darf sich ja *aus ihrer Sicht* zu Recht darüber ärgern, dass Frau Koch jedes Mal ausgerechnet in der schwierigen Bringphase mit ihren Themen erscheint. Sie darf dies nur zumindest in ihrer professionellen Rolle Frau Koch nicht ankreiden, sondern muss wissen, dass es ihre *eigenen* Gefühle sind, die da in ihr brodeln. Das wird alleine daran deutlich, dass es immer jemanden gibt, der in derselben Situation ganz anders handeln und fühlen würde, obwohl Frau Koch sich doch ganz genauso verhält. Wir müssen uns klarmachen, dass in Grenzsituationen Gefühle reaktiviert werden, die wir als Kind gespürt haben, wenn wir selbst Grenzen gesetzt bekamen, wie Ohnmacht, das Gefühl, ausgenutzt zu werden, oder der Wunsch zu gewinnen. Dafür aber kann Frau Koch nichts.

Kommunikationsmuster in Grenzsituationen

Schließlich lohnt es sich, einen Blick auf die Kommunikationsmuster von Connie und Frau Koch zu werfen. Virginia Satir, eine amerikanische Kommunikationsforscherin, hat von fünf Kommunikationstypen gesprochen (*Satir 2010*): dem anklagenden, dem rationalisierenden, dem beschwichtigenden, dem ablenkenden und dem »kongruenten«.

Eine ebenso anklagende Reaktion hätte in unserem Beispiel so aussehen können: »Jetzt hören Sie aber mal auf! Ich habe Sie doch schon einige Male darauf hingewiesen, dass morgens während der Bringphase keine Zeit für solche Gespräche ist. Sie wissen doch genau, dass wir zwanzig Kinder in der Gruppe haben… Außerdem ist Ihr Malte ja auch kein Unschuldsengel. Jetzt habe ich keine Zeit für Sie!«.

PRAXISBEISPIELE
Die eigenen Grenzen wahren

Auch eine rationalisierende Reaktion mit »sachlichen Argumenten« wäre denkbar gewesen, etwa in der Art: »Frau Koch, wissen Sie, Konflikte gehören eben zu unserem Alltag. Kinder lernen erst in Konflikten adäquate Konfliktlösungsstrategien. Wir lassen sie deshalb ihre Konflikte durchstehen. Und im Übrigen haben wir ja auch in unserer Konzeption schon formuliert, dass...« Connie hat sich also gegen zwei ungünstige Reaktionsweisen entschieden, aber dann zwei genauso unpassende gewählt, nämlich die Beschwichtigung und die Ablenkung.

Weshalb muss sie sich überhaupt rechtfertigen? Was hat die Tatsache, dass es zwanzig Kinder in der Gruppe gibt, mit Maltes und Frau Kochs Problem zu tun? Dieses Zusammenspiel von überfallartiger Anklage auf der einen Seite und beschwichtigender Rechtfertigung bzw. einem Ablenken auf Umstände, für die niemand etwas kann, auf der anderen, ist ein verbreitetes Konfliktmuster.

Die fünfte Form, die »kongruente«, wäre hingegen die passende gewesen. Wenn ich kongruent kommuniziere, befinde ich mich in Übereinstimmung mit meinen eigenen Gefühlen und Wünschen und dem, was eine bestimmte Situation erfordert. Ich lasse mir einerseits von niemandem aufzwingen, wie ich zu reagieren habe, etwa den Angriff zu kontern oder zu beschwichtigen. Andererseits kann ich mich auf mein Gegenüber gut einstellen und spüre, was der andere braucht. Innerlich gleiche ich beides miteinander ab und komme zu einem Ergebnis, das angemessen ist.

Eine kongruente Erwiderung hätte z. B. lauten können: »Frau Koch, Sie erwischen mich in einem Moment, in dem ich mich nicht auf Sie einstellen kann. Ich bin alleine und muss mich um die ankommenden Kinder kümmern. Ich bitte Sie deshalb, die Klärung Ihres Anliegens zu verschieben. Ich spüre Ihren Ärger, deshalb fällt es Ihnen vielleicht schwer, das zu akzeptieren, aber ich kann Ihnen im Augenblick kein anderes Angebot machen. Ich spreche Sie nachmittags noch einmal darauf an und nehme mir dann auch etwas mehr Zeit für Sie. Jetzt muss ich Sie leider bitten zu gehen.« Das kann freundlich, zugewandt, auf Augenhöhe und bestimmt vorgetragen werden. Falls der andere die Grenzziehung dann noch immer nicht respektieren kann, muss sie wiederholt werden, genauso bestimmt und genauso freundlich.

Übereinstimmend mit der Situation wäre eine solche Reaktion deswegen, weil Connie dabei klar ihr Dilemma formulieren würde, ohne Frau Koch in irgendeiner Weise anzugreifen. Weil sie sich dabei auch in Übereinstimmung mit ihren eigenen Gefühlen und Wünschen befände und sich deswegen der Situation gewachsen fühlen würde, könnte sie sich auf der anderen Seite auch auf Frau Koch einlassen und ihre Gefühle respektieren.

Was also ist zu tun?

Mich der Situation stellen, auf mein Gegenüber zugehen

Situationen, in denen Grenzsetzungen notwendig sind, werden immer auftreten. Es braucht deshalb eine grundsätzliche *innere* Bereitschaft, sich solchen Situationen zu stellen und auch ein Gefühl, ihnen gewachsen zu sein. Beides lässt sich auf relativ einfache Weise ein wenig trainieren. Wenn eine solche Situation eintritt, heißt es zunächst einmal: aufstehen und dem Gegenüber einen Schritt entgegengehen. Das alleine signalisiert beiden – einem selbst und dem Konfliktpartner – Zugewandtheit, aber auch Bereitschaft und Bestimmtheit.

Grenzen wertschätzend setzen

Für das Setzen von Grenzen sollten folgende Regeln gelten:

- **Bestimmt und auffordernd auftreten**
  Drücken Sie diese Bestimmtheit auch mit der Körperhaltung aus.
- **Knapp, klar und deutlich sein**
  Reden Sie nicht zu viel und beschränken Sie sich auf das Wesentliche. Zu viele Erklärungen signalisieren Gesprächsbereitschaft an einem Punkt, an dem es eher darauf ankommt, die Grenze zu verdeutlichen. Damit mache ich es meinem Gegenüber schwer, zu erkennen, wo genau meine Grenze verläuft und wie wichtig mir ihre Respektierung ist.
- **Ich-Botschaften senden**
  Grenzsetzungen sollten mit dem Wörtchen »Ich« beginnen: »*Ich* möchte, *ich* will ...«

PRAXISBEISPIELE
Die eigenen Grenzen wahren

- **Klar formulieren, was ich erreichen will**
  Sagen Sie dem anderen also genau, was er tun soll: »Ich möchte Sie bitten, nun zu gehen.«
- **Freundlich zur Person sein**
  Es gilt, nicht die Person zurückzuweisen, sondern nur das, was sie tut oder sagt. Sie darf alles fühlen und sie darf dafür Wertschätzung einfordern, sie darf bloß nicht alles tun.
- **Wenn möglich ein Gespräch zu einem anderen Zeitpunkt anbieten**
  Machen Sie von sich aus das Angebot: »Ich spreche Sie gerne noch einmal darauf an, wenn ich darf.«

Hierbei gilt natürlich auch: Wenn Eltern Grenzen nicht einhalten, ist das immer *auch* Ausdruck nicht befriedigter Bedürfnisse und Interessen. *Diesbezüglich* sollten Erzieherinnen immer dialogfähig bleiben, im Sinne von: *Jetzt* setze ich die Grenze, *nachher* versuche ich, die versteckten Bedürfnisse zu erkunden.

Präzise nachfragen

Eine hervorragende Art und Weise, sich selbst und dem Konfliktpartner wieder einen kühlen Kopf zu verschaffen, ist das sogenannte präzise Nachfragen. Dabei geht es darum, *genau* verstehen zu wollen, was hinter dem steht, was der andere sagt. Es geht *nicht* darum, den anderen »aus dem Konzept zu bringen«, sondern darum, sein Anliegen besser zu verstehen. Präzises Nachfragen heißt, dass man fragt: »Worum geht es Ihnen *genau*?« Connie könnte also, wenn sie mehr Zeit hat, Folgendes sagen: »Frau Koch, worum geht es Ihnen genau? Geht es Ihnen vor allem um Maltes blauen Fleck, um Ihren Eindruck, dass Malte unter Dennis zu leiden hat, darum, wie wir in unserem Alltag damit umgehen, wenn Kinder sich streiten, oder darum, was wir in Zukunft tun können?« Frau Koch würde dann wahrscheinlich antworten: »Um alles.«. Dann könnte Connie weiter präzise nachfragen: »Was ist Ihnen denn im Augenblick das Vordringlichste? Alles andere können wir uns ja später nach und nach vornehmen.«

6.

»Weshalb bieten Sie eigentlich keinen Englisch-Frühkurs an?«

Wenn Eltern etwas fordern

PRAXISBEISPIELE
Wenn Eltern etwas fordern

*I*n einer Kita wird seit einigen Jahren ein offenes Konzept praktiziert und das Team fühlt sich sehr wohl damit. Manche Eltern standen dem Konzept aber von Beginn an skeptisch gegenüber. Sie vermissen die vielen Angebote, die es vorher gab. Weil sich die Klagen in letzter Zeit gehäuft haben, hat die Kita wieder einen kleinen Schritt zurück gemacht. Der Vormittag wurde in eine »Erwachsenenzeit« und eine »Kinderzeit« geteilt: In der 45-minütigen Erwachsenenzeit bieten die Fachkräfte den Kindern parallel unterschiedliche Aktivitäten an. In der Kinderzeit ab 9.30 Uhr bestimmen die Kinder ihre Aktivitäten weitgehend selbst.

Diese Änderung hat zwar für eine gewisse Entspannung gesorgt, konnte aber einige Eltern dennoch nicht zufriedenstellen. Vor allem Herr Leipold, ein Vater, der von Beruf IT-Systemelektroniker ist, fordert immer wieder, den Kindern solle doch Englisch angeboten werden. Er argumentiert klug: Von frühen Zeitfenstern ist da die Rede und davon, dass ohne Englischkenntnisse in Zukunft niemand mehr beruflich weit kommt.

Als Herr Leipold in den Elternrat gewählt wird, gewinnt er eine arbeitslose Englischlehrerin dafür, viermal pro Woche Englisch-Frühkurse im Kindergarten anzubieten. Andere Eltern unterstützen seine Initiative, aber das Team lehnt ab, weil die Kurse nicht ihrem Bildungsverständnis entsprechen und außerdem den offenen Alltag durcheinanderbringen würden. Herr Leipold wendet sich daraufhin erbost an den Träger. Die pädagogischen Fachkräfte haben mehr denn je das Gefühl, dass ihnen die Eltern in ihre Arbeit hineinreden. Das Vertrauen zwischen ihnen und den Eltern ist nachhaltig gestört.

Was ist hier passiert?

*D*as Kita-Team hat die Unzufriedenheit der Eltern registriert und ist ihnen bereits ein Stück entgegengekommen. Die Fachkräfte haben, allerdings nur im »stillen Kämmerlein«, gemeinsam darüber nachgedacht, wie sie dem

Druck der Eltern begegnen können, ohne dass ihr pädagogisches Konzept allzu großen Schaden erleidet. Die Einführung der »Erwachsenenzeit« hat den Elternforderungen erst einmal die Spitze genommen.

Das Problem besteht darin, dass das Team die »Erwachsenenzeit« als eigene gute Idee verkauft und nicht als das dargestellt hat, was sie eigentlich ist, nämlich das Ergebnis einer Aushandlung zwischen den divergierenden Interessen von Kindergarten und Eltern. Den Anteil der Eltern daran haben sie in ihrer Argumentation unter den Tisch fallen lassen. Gerade angesichts der Aktivitäten von Herrn Leipold wollte man auf keinen Fall den Eindruck entstehen lassen, das Team habe den Forderungen der Eltern nachgegeben.

Auf diese Weise bleibt trotz des Angebots der Kita an die Eltern ein wesentlicher Teil des Konflikts ungeklärt, nämlich die Frage, in welchem Ausmaß sich Eltern für die pädagogische Arbeit der Kita interessieren und Einfluss darauf nehmen dürfen. Verhandlungsgrenzen und -normen sind nicht klar umrissen. Kein Wunder also, dass Herr Leipold an seinem Thema »dranbleibt«. Und wahrscheinlich haben auch andere Eltern das Gefühl, der Kindergarten wolle sie insgeheim weiterhin bevormunden.

Was dahintersteckt

Herr Leipold gehört einer Elterngeneration an, die in einer radikal veränderten Welt groß geworden sind. Unser aller Leben ist in immer weiteren Bereichen kommerzialisiert. Gewinnorientierte wirtschaftliche Interessen erschließen sich mehr und mehr Gesellschaftsbereiche. Auch solche Unternehmen, die früher eine ausschließlich gemeinnützige und soziale Aufgabe hatten wie Post, Bahn oder Alten- und Pflegeheime, müssen sich nun einer marktorientierten Wirtschaftsweise unterordnen.

Eltern verhalten sich wie Kunden

Wir alle haben uns längst an diese Veränderungen angepasst und zeigen viel stärker als in früheren Jahrzehnten typisches Kundenverhalten. Egal, ob es sich um den privaten Lebensmitteleinkauf handelt, das Fahren mit der

Bahn, die Suche nach der richtigen Versicherung, die Auswahl des richtigen Arztes, den Kauf eines Autos – in zahlreichen Zusammenhängen haben wir uns längst angewöhnt, uns mittels Produktbeschreibungen, Kundenrezensionen oder Tests im Internet über Preise und Leistungen zu informieren. Wir sind längst daran gewohnt, alles Mögliche zu vergleichen. Bei Unzufriedenheit geben wir die Ware zurück oder beschweren uns.

Während wir früher noch Kundendienst und Beratung in Anspruch nehmen konnten, müssen wir uns heute selbst informieren und bezahlen sogar noch dafür, wenn wir den Kundendienst anrufen. Als Verbraucher müssen wir ständig eigene Entscheidungen treffen und verwenden viel Zeit darauf, aus einer riesigen Palette von Angeboten das Richtige auszuwählen. Für Dienstleistungen, die früher selbstverständlich und über lange Zeit in einer Hand lagen, existieren heutzutage die unterschiedlichsten Anbieter. Ständiger Wechsel ist der Normalfall.

Dieser radikale Wandel durchzieht alle Lebensbereiche. Ohne es zu merken, haben wir längst, mehr als uns vielleicht lieb ist, begonnen, Bindungen zu kappen, Vertrauen durch Misstrauen zu ersetzen und immer mehr auf den eigenen, manchmal minimalen Vorteil bedacht zu sein.

Das, was für die Älteren noch gewöhnungsbedürftig ist, ist für viele jüngere Menschen schon Alltag. Sie handeln gegenüber der Kindertagesstätte nicht anders als gegenüber anderen Anbietern von Dienstleistungen. Das ist ihnen nicht vorzuwerfen.

Eltern sind immer besser informiert

Kindertagesstätten müssen sich, ob sie wollen oder nicht, auch darauf einstellen, dass Eltern heute besser informiert sind als noch vor zehn oder zwanzig Jahren. Jeder hat inzwischen über das Internet im Prinzip unbegrenzten Zugang zum vorhandenen Wissen und Eltern wie die Leipolds nutzen dies. Natürlich können sie nicht die gesamte pädagogische Fachdiskussion verfolgen. Das fällt schon Fachkräften schwer genug. Sie nehmen auch an keinen pädagogischen Fortbildungen teil. So ist ihr Wissen notwendigerweise »nur« Teilwissen. Aber sie sind dennoch weit besser informiert, als es noch vor zehn oder fünfzehn Jahren üblich war.

Wie oft wünschen Erzieherinnen sich kompetente und engagierte Eltern, die sich für Ihre Arbeit interessieren? Bloß, sie müssen dieses Interesse auch zu würdigen wissen und den Eltern signalisieren: *Es ist gut, wenn Sie sich Ihre Meinung bilden. Lassen Sie uns darüber ins Gespräch kommen.* In Zukunft werden Sie als Erzieherin es zunehmend mit informierten Eltern zu tun haben. Sie müssen sich deshalb daran gewöhnen, auch das Gespräch über pädagogische Konzepte und Sichtweisen auf Augenhöhe zu suchen, selbstbewusst und mit eigenem fundiertem Wissen, aber eben auch mit der Bereitschaft, sich von Eltern »etwas sagen zu lassen«.

Was also ist zu tun?

Immer, wenn Eltern mit Forderungen an die Kindertagesstätte herantreten, ist es sinnvoll, sich des eigenen Verhandlungsspielraums bewusst zu werden. Dies geschieht am besten mit einer Kollegin zusammen oder besser noch im ganzen Team. Über den Verhandlungsspielraum nachzudenken bedeutet immer auch, die eigenen Grenzen und Vorstellungen zu *erweitern*. Es reicht nicht aus, sich auf die eigene Maximalforderung zu versteifen. Sinnvoller ist es, darüber nachzudenken, wie eine Win-win-Situation hergestellt werden kann, eine Situation also, in der *jeder* gewinnt.

Den Verhandlungskorridor ausloten

Dies funktioniert gut mit der Methode des Verhandlungskorridors. Zwei Seilstücke werden parallel auf den Tisch gelegt. Zwischen ihnen entsteht ein Innenraum. Das ist der gemeinsame Verhandlungskorridor. Jenseits davon, nämlich außerhalb der Linien, befindet sich der Bereich, über den nicht verhandelt werden kann. Ein Beispiel: Eine Mutter möchte, dass ihr knapp vierjähriges Kind ständig unter Beobachtung steht, weil sie befürchtet, es könnte sich sonst verletzen. Natürlich kann kein Kindergarten dem vollständig nachkommen. Was aber kann der offensichtlich besorgten Mutter angeboten werden? Nun wird das Team kreativ. Nach einiger Zeit befinden sich Kärtchen mit folgenden Ideen im Verhandlungskorridor:

- Wir versuchen herauszubekommen, welche ein oder maximal zwei Bereiche der Mutter am wichtigsten sind, und garantieren für diese Bereiche die Beaufsichtigung.
- Wir versuchen herauszubekommen, was aus Sicht der Mutter das Schlimmste wäre, was passieren könnte, und versprechen, darauf über das normale Maß hinaus aufzupassen.
- Wir vereinbaren mit der Mutter eine (kurze) Zeitspanne, in der wir versprechen, ihre Tochter so gut es geht immer im Auge zu haben, allerdings mit der Maßgabe, dass die Mutter bereit ist, mit uns gemeinsam darüber nachzudenken, was getan werden kann, damit ihre Tochter und sie selbst nicht mehr darauf angewiesen sind.
- Wir schlagen der Mutter vor, uns jeden Tag beim Abholen einige Minuten Zeit zu nehmen, um ihr etwas genauer als sonst zu berichten, was ihre Tochter heute gemacht und wie sie sich dabei verhalten hat.

Die im Team beschlossenen Ideen können dann der Mutter vorgeschlagen werden. Sie zeigen, dass ihre Sorgen ernst genommen werden, sichern aber auch, dass keiner sich verbiegen muss.

Verhandlungsergebnisse öffentlich machen und eigene Grenzen wahren

Wenn Kindertagesstätten Eltern entgegenkommen, müssen sie das den Eltern auch so sagen. Solange Sie sich Ihrer eigenen Grenzen sicher sind, brauchen Sie keine Angst zu haben, damit möglichen Übergriffen Tür und Tor zu öffnen. Was wäre so falsch daran, den Eltern in etwa Folgendes mitzuteilen:

»Liebe Eltern, Sie haben uns in letzter Zeit immer wieder darauf angesprochen, wir sollten die Anzahl der Angebote von Erwachsenen für Kinder wieder erhöhen. Sie wissen, dass wir uns sehr intensiv mit der aktuellen Diskussion über frühkindliche Bildung auseinandergesetzt haben. Das Ergebnis war die Umstellung unserer Arbeit auf ein offenes Konzept, ein Schritt, von dem wir nach wie vor überzeugt sind. Um Ihnen andererseits entgegenzukommen, schlagen wir Ihnen folgende Veränderungen vor...«

Auf diese Weise wären zwei Dinge klargestellt: Einmal, dass der Kindergarten an seinem wohl durchdachten Konzept nicht grundsätzlich rütteln lassen möchte und dass hier der Einflussnahme der Eltern eine Grenze gesetzt wird. Und andererseits, dass das Team bereit ist, die Bedenken der Eltern ernst zu nehmen und in das pädagogische Konzept einzubauen.

Das Appellohr auf leise stellen
Eine weitere Möglichkeit, den Forderungen der Eltern zu begegnen, besteht darin, ganz bewusst nicht in erster Linie auf den »Appellanteil« einer Botschaft zu hören, also das, was ich tun soll.

> ### Das »Vier-Ohren-Modell« von Friedemann Schulz von Thun
>
> Der Psychologe und Kommunikationswissenschaftler Schulz von Thun (geb. 1944) hat Anfang der 80er Jahre mit Hilfe eines Kommunikationsquadrats beschrieben, dass jede Nachricht vier Seiten hat:
> - Eine Appellseite: Ich möchte etwas beim Gegenüber erreichen.
> - Eine Sachseite: Ich möchte einen bestimmten Sachverhalt ausdrücken.
> - Eine Beziehungsseite: Ich sage etwas über unsere Beziehung aus.
> - Eine Selbstoffenbarungsseite: Ich sage etwas über mich aus.
>
> Jeder sendet immer Nachrichten auf allen vier Ebenen (hat also vier »Schnäbel«) und jeder hört auch auf diesen vier Ebenen etwas (hat also vier »Ohren«).

Wenn Eltern von Erzieherinnen etwas fordern, haben Erzieherinnen normalerweise ihr *Appellohr* weit offen und beginnen, sich zu rechtfertigen. Auch auf ihrem *Beziehungsohr* hören sie normalerweise gut und denken sich: Wie kommt die eigentlich dazu, mich so zu kritisieren? Klüger wäre es, stattdessen das *Sach-* und das *Selbstoffenbarungsohr* zu öffnen. Wenn ich beispielsweise mit meinem *Sachohr* auf Herrn Leipold höre, könnte ich zu dem Schluss kommen: Es ist ja wahr, Kinder sind in diesem Alter besonders empfänglich für eine fremde Sprache. Vielleicht kann er uns ja dabei unterstützen, eine Erzieherin mit englischer Muttersprache zu finden, die im Alltag mit den Kindern englisch spricht.

Mit dem *Selbstoffenbarungsohr* könnte ich wahrnehmen, dass sich Herr Leipold wirklich Sorgen um die Zukunft seiner Kinder macht und dass er sich als IT-Systemelektroniker auch in wirtschaftlichen Bereichen auskennt, von denen ich fast nichts weiß. Wenn ich mehr über seine Sorgen und Zukunftsvorstellungen erfahre, könnte ich ihn besser verstehen.

Trainieren Sie also ganz bewusst, Ihr Appellohr auf leise zu stellen.

Zehn Grundsätze für die Durchführung einer Verhandlung

Beherzigen Sie bei Verhandlungen mit Eltern die folgenden Grundsätze:

1. Stellen Sie eine positive Atmosphäre, ein »Sympathiefeld«, her.
2. Behandeln Sie Ihren Verhandlungspartner höflich und gleichberechtigt: freundlich, aber nicht anbiedernd, partnerschaftlich, aber nicht kumpelhaft, seriös, aber nicht arrogant oder verklemmt, konzentriert, aber nicht verbissen und misstrauisch, ruhig, aber nicht uninteressiert.
3. Halten Sie verbindlichen Kontakt.
4. Vermeiden Sie es, einen Ton anzuschlagen, der die Beziehung belastet.
5. Steuern Sie das Gespräch bewusst: Erwünschtes Verhalten durch gleichartiges Verhalten (Symmetrie) verstärken, unerwünschtes durch entgegengesetztes (Komplementarität) abschwächen!
6. Eine direkte Form der Steuerung ist das präzise Nachfragen: Geschlossene Fragen steuern stärker und gezielter als offene.
7. Heben Sie Gemeinsamkeiten hervor: Fast immer überschneiden sich Interessenssphären! Richten Sie den Blick des Verhandlungspartners auf die gemeinsamen Interessen, Ziele, Werte und Einstellungen.
8. Gehen Sie überlegt mit Spielräumen um (Choreographie des Verhandelns): Loten Sie Ihren eigenen Verhandlungskorridor vorher aus. Lehnen Sie ruhig etwas ab, was jenseits liegt, aber schlagen Sie niemals die Tür gleich zu.
9. Vermeiden Sie ein Festfahren, etwa durch mangelnde Kreativität, Ängstlichkeit und mangelndes Vertrauen, ungeschickte Gesprächsführung, Kampfkommunikation oder Taktieren bzw. Manipulieren.
10. Halten Sie zwischendurch und am Ende das Erreichte für beide Partner fest: Benennen Sie die Ergebnisse konkret.

7.

»Wieso ist Sophias Hose denn schon wieder so schmutzig?«

Wenn Eltern sich beschweren

PRAXISBEISPIELE
Wenn Eltern sich beschweren

*F*rau Winkhaus ärgert sich schon lange, dass ihre vierjährige Tochter Sophia immer wieder beim Spielen ihre guten Sachen dreckig macht. Dabei hat sie für diesen Zweck extra Ersatzkleidung mit in die Kita gebracht. Sie hat ein paarmal darauf hingewiesen, aber immer nur kurz von den Erzieherinnen Sabine Kern und Melanie Lenz zur Antwort bekommen, dass Sophia die Ersatzkleidung nicht anziehen mag und sie das Kind nicht dazu zwingen wollen. Frau Winkhaus hat den Eindruck, dass die Erzieherinnen ihr zwischen den Zeilen mitteilen wollen, sie solle sich nicht so anstellen. Das ärgert sie.

Neulich hat sie sich mit Frau Hirtz unterhalten, der es ganz ähnlich ergangen ist. Sie hatte einmal gefragt, weshalb ihr Sohn an seinem Geburtstag keine Sahnetorte mitbringen darf, und hatte das Gefühl, ähnlich kurz abgefertigt zu werden. Frau Hirtz und eine weitere Mutter wollen das Problem nun am nächsten Elternabend ansprechen. Frau Hirtz meint, es ginge ihr schon gar nicht mehr nur um die Sahnetorte, sondern darum, wie Elternanliegen hier abgewürgt würden. Frau Winkhaus verspricht, zum nächsten Elternabend ebenfalls zu kommen. Vielleicht würde sich ja etwas ändern, wenn mehrere Eltern das Problem schildern würden.

Sabine und Melanie haben den Eltern schon öfters erklärt, dass es im Kindergarten grundsätzlich keine ungesunden Süßigkeiten gibt, und verstehen nicht, weshalb Frau Hirtz immer wieder davon anfängt. Sie haben ihr sogar schon einmal ein Rezept für einen Kuchen mitgegeben, der mit Apfeldicksaft gesüßt wird.

Was ist hier passiert?

*S*abine und Melanie gestalten ihren pädagogischen Alltag gewissenhaft, durchdacht und strukturiert. Sie haben gute Argumente für ihr Verhalten und sind sich ihrer Sache auch relativ sicher. Sie möchten die Eltern gerne davon überzeugen, dass sie mit der Ernährung der Kinder ebenso verantwortungsbewusst umgehen wie mit dem Recht der Kinder, selbst zu entscheiden, was sie anziehen. So haben sie sich z.B. überlegt, dass sich Frau Hirtz eher für die gesunde Ernährung gewinnen ließe, wenn sie einmal selbst einen Kuchen mit Apfeldicksaft statt mit Industriezucker gebacken hat.

Dass ihre guten Argumente von den Eltern als Bevormundung wahrgenommen werden, hätten sie sich im Leben nicht gedacht. Sie wollten doch nur Gutes erreichen und die Eltern keinesfalls brüskieren. Wie wir alle das im Leben leider oft tun, betrachten Sabine und Melanie das Geschehen hier lediglich aus ihrer eigenen Erzieherperspektive und argumentieren ausschließlich aus Sicht der Kindertagesstätte. So stellt sich schnell Betriebsblindheit ein, wie sie im Dienstleistungssektor, aber auch in vielen anderen Berufsbereichen immer wieder vorzufinden ist. Warum den Eltern aber die Sahnetorte und die saubere Kleidung so wichtig ist, danach wird gar nicht gefragt. Das führt dazu, dass sich die Eltern vor allem als Person zurückgewiesen fühlen. Es geht ihnen nämlich in den meisten Fällen gar nicht darum, Recht zu haben, sondern sie wollen, dass die Erzieherinnen auch ihre Standpunkte und Denkweisen ernst nehmen.

Was dahintersteckt

Wer sich beruflich mit Beschwerdemanagement befasst, bezeichnet eine Institution, die so denkt und handelt wie die Kita in unserem Beispiel, als »geschlossenes System« (*siehe Pesch/Sommerfeld 2003*). Ein geschlossenes System tauscht sich nur mit sich selbst aus und schottet sich nach außen soweit wie möglich ab. Beschwerden, kritische Äußerungen oder Rückmeldungen werden nicht gerne gesehen, weil sie das untereinander entworfene Bild von sich selbst in Frage stellen. Ein solches geschlossenes System wirkt auf seine Umwelt abweisend und signalisiert an vielen Stellen: bis hierhin und nicht weiter.

Einrichtungen, die geschlossene Systeme sind, informieren nach außen zögerlich, halbherzig und nur auf Anfrage, zeigen sich wenig gesprächsbereit oder nicht zuständig und sind schwer erreichbar. Wer mit Mitgliedern eines geschlossenen Systems kommunizieren möchte, muss viele Hürden überwinden. Wie bei den Eltern in unserem Beispiel staut sich der Ärger im Lauf der Zeit an, weil er keinen wirklichen Adressaten findet. Wenn das Gefühl, abgewiesen zu werden, sich verfestigt, liegt es nahe, sich mit »Leidensgenossen«, also in diesem Fall anderen Eltern zusammenzuschließen und nach dem Motto vorzugehen: Gemeinsam sind wir stark!

Offene Systeme

Ein »offenes System« hingegen ist an kritischer Rückmeldung interessiert, weil es davon ausgeht, dass darin *immer* ein Körnchen Wahrheit liegt und das System davon lernen kann. Rückmeldungen werden hier generell als Informationsgewinn betrachtet. Ein offenes System ist zudem demokratisch eingestellt. Es ermöglicht Beteiligung und macht diese leicht.

Den Fachkräften der Kita in unserem Beispiel zu unterstellen, sie wollten dies nicht, ist sicherlich falsch. Es ist einfach so, dass sich betriebsblinde Teams gar nicht darüber im Klaren sind, wie sie nach außen hin wirken. Dann müssen sie erst von dort aus darauf aufmerksam gemacht werden. Eine Situation, wie sie bei Sabine und Melanie eingetreten ist, birgt also die große Chance des Wechsels vom geschlossenen zum offenen System.

Allerdings: Sich offen zu zeigen setzt Klarheit über den eigenen Weg voraus. Wer sich seines Konzeptes klar ist und es fundiert darstellen kann, dem kann Kritik eigentlich nichts anhaben. Wer sich unsicher fühlt, dem fällt es hingegen auch schwer, kritische Rückmeldungen zu hören und anzunehmen.

Auf dem Weg von der »Anstalt« zum Dienstleistungsunternehmen

Kindertagesstätten müssen sich heute zunehmend stärker selbst vermarkten. Bis in die 90er Jahre hinein sahen sich Eltern mit einem Mangel an Kindergartenplätzen konfrontiert. Sie mussten sozusagen nehmen, was sie bekommen konnten, und froh sein, überhaupt einen der wenigen freien Plätze zu ergattern. Noch in den 70er Jahren war im Westen Deutschlands durchschnittlich nur für jedes dritte Kind ein Platz in einem Kindergarten vorhanden. Besonders ausgeprägt war dieser Mangel an freien Plätzen für Kinder unter drei Jahren oder Schulkinder.

Seitdem es ein gesetzlich fixiertes Anrecht auf einen Kindergartenplatz gibt und parallel dazu die Geburtenzahlen zurückgingen, hat sich das grundlegend verändert. In den neuen Bundesländern kommt verschärfend hinzu, dass nach der Wende sowieso große Überkapazitäten an Kindergartenplätzen vorhanden waren. Mehr und mehr suchen sich Eltern *ihren* Kindergartenplatz bewusst aus, vergleichen Konzepte und Angebote. In manchen Städten können sie mittlerweile zwischen fünf und mehr Betreuungsangeboten auswählen. Eltern erhalten damit eine aktivere Rolle.

Kindertagesstätten müssen sich also von »Anstalten«, in denen Eltern gefälligst nehmen müssen, was sie bekommen, langsam zu einer besonderen Art von Dienstleistungsunternehmen verändern. Natürlich unterscheiden sie sich auch weiterhin von gewinnorientierten Dienstleistern, etwa einem Briefzusteller oder einem Telefonanbieter. Sie können und sollen nicht jeden Kundenwunsch erfüllen. Kindertagesstätten haben einen gesellschaftlichen Auftrag, den die jeweiligen Fachkräfte und Träger auf ihre jeweils eigene Art und Weise verwirklichen. Dieses Konzept zu formulieren und nach außen zu kommunizieren, darin besteht ein Teil ihrer Professionalität.

Eine weitere Besonderheit besteht darin, dass Kindertagesstätten mehr oder weniger auf die Beteiligung der Adressaten ihrer Dienstleistung, der Eltern also, und eine irgendwie geartete Zusammenarbeit mit ihnen angewiesen ist. Das ist beispielsweise beim Friseur oder beim Schornsteinfeger nicht der Fall.

Was also ist zu tun?

Damit sich Kindertagesstätten vom geschlossenen System der »Anstalt« hin zum offenen System eines modernen Dienstleistungsunternehmens entwickeln können, ist vor allem ein anderer Umgang mit Fragen, Rückmeldungen und Beschwerden von Eltern notwendig.

PRAXISBEISPIELE
Wenn Eltern sich beschweren

Beschwerdemanagement

Zuerst einmal geht es beim Beschwerdemanagement um das klare Signal: Mitwirkung ist willkommen! Kindertagesstätten müssen *von sich aus* und *ohne Aufforderung* auf Eltern zugehen und diese mit einbeziehen. Eine grundsätzlich positive Haltung gegenüber den Beschwerden der Eltern gehört dazu.

Das bedeutet im Einzelnen:

- **Jede Beschwerde ist willkommen!**
  Sie bringt uns in Kontakt und macht deutlich, dass wir als offenes System zugänglich sind für Anregungen und Hinweise.
- **Wir möchten so viele Beschwerden wie möglich hören!**
  Wenn uns das gelingt, erfahren wir frühzeitig, was Eltern auf den Nägeln brennt. Das erspart uns aufgestauten Ärger und tiefere Konflikte. Außerdem können wir uns dann besser auf das einstellen, was sowieso auf uns zukommt.
- **Jeder nimmt Beschwerden entgegen!**
  Um es Eltern leicht zu machen, uns Rückmeldungen zu geben, zeigt *jeder* von uns Bereitschaft, eine Beschwerde entgegenzunehmen. Dabei ist erst einmal egal, ob ich selbst für diese Angelegenheit verantwortlich bin. Ich höre mir auf jeden Fall an, was Eltern zu sagen haben.
- **Beschwerden leicht machen**
  Sich zu beschweren fällt umso schwerer, je persönlicher eine Beziehung ist und je öfter man demjenigen begegnet, bei dem oder über den man sich beschwert. Bei Eltern kommt hinzu, dass sie befürchten, dass eine kritische Rückmeldung sich negativ auf das Verhalten der Erzieherin gegenüber ihrem Kind auswirkt. Sie haben darüber keinerlei Kontrolle und müssen der Erzieherin einfach vertrauen. Es bedarf also besonderer Anstrengungen, Eltern diesen Weg zu erleichtern.

Am Ende des Kapitels (*siehe Seite 79*) finden Sie die Vorlage »Acht Schritte des Beschwerdemanagements«, die als schnelle Erinnerungshilfe im täglichen Umgang mit Beschwerden dienen kann.

Von der »Komm-« zur »Gehe-zu-Kultur«

Ein weiterer Schritt, mit Beschwerden so umzugehen, dass sie verhandelbar bleiben und dem Team Rückmeldung geben, die es nutzen kann, ist der Übergang von der Komm-Kultur zur Gehe-Zu-Kultur. Was ist damit gemeint?

ZWEI UNTERSCHIEDLICHE »BESCHWERDEKULTUREN«

»Komm-Kultur«
- Eltern müssen sich selbst darum kümmern, wenn sie eine Rückmeldung geben oder sich beschweren wollen.
- Eltern sind selbst dafür verantwortlich, die richtige Ansprechpartnerin/den richtigen Ansprechpartner dafür zu finden.
- Eltern müssen sich selbst durchfragen oder mehrere Versuche unternehmen, weil nach außen hin nicht transparent ist, wie die Wege zur Problemlösung in der Kindertagesstätte gestaltet sind.

»Gehe-Zu-Kultur«
- Die Einrichtung geht *von sich aus und ungefragt* auf die Eltern zu, wenn sie vermutet oder bemerkt, dass jemand unzufrieden ist.
- Sie entwickelt vielfältige Aktivitäten, um sich darüber hinaus regelmäßige Rückmeldungen über die Zufriedenheit von Eltern einzuholen.
- Sie verfügt über ein Schreiben für Eltern mit Hinweisen, wie die Einrichtung mit Kritik und Anregungen umgeht.

Zufriedenheit regelmäßig abfragen

Zu einer »Gehe-Zu-Kultur« gehört auch, Eltern regelmäßig nicht nur nach Beschwerden, sondern auch nach ihrer Zufriedenheit zu befragen. Dazu muss jede Erzieherin konsequent die Eltern jedes Kindes ihrer Gruppe mindestens einmal im Jahr persönlich danach fragen, wie zufrieden sie mit der Arbeit der Kita sind. Das kann durchaus auch »zwischen Tür und Angel« geschehen, wenn sich die Erzieherin dafür ca. zehn Minuten Zeit nimmt. Systematischer kann die Zufriedenheit von Eltern mit Hilfe eines im Team entworfenen Fragebogens bei einem ausführlicheren Gespräch unter vier Augen abgefragt werden. In beiden Fällen sollten die Ergebnisse aber, damit sie im Alltagsgeschäft nicht untergehen, im Team ausgewertet werden.

PRAXISBEISPIELE
Wenn Eltern sich beschweren

ACHT SCHRITTE DES BESCHWERDEMANAGEMENTS

1. Beschwerdeannahme:
Wer immer mit welchem Problem auch immer zu mir kommt: Sie oder er ist damit willkommen. Ich nehme ihre/seine Beschwerde an und bedanke mich dafür.

2. Beschwerdeklarheit:
Ich möchte wissen, worum es *ganz genau* geht. Ich versuche, mit Hilfe präziser Rückfragen Beschwerdeklarheit zu schaffen. Das mache ich, *bevor* ich mich rechtfertige oder irgendetwas erwidere. Ich lasse mir für dieses Rückfragen Zeit.

3. Zuständigkeit:
Ich kläre, ob ich der/die richtige Ansprechpartner/in für diese Beschwerde bin. Wenn nicht, mache ich deutlich, an wen und wie *ich* die Beschwerde weiterleite. Bis das geschehen ist, bin ich weiterhin dafür zuständig.

4. Weg der Beschwerdebearbeitung:
Als Beschwerde-Ansprechpartner/in erkläre ich meinem Gegenüber, in welchen Schritten es nun weitergeht, und stelle den Weg der Beschwerdebearbeitung so dar, dass mein Gegenüber es auch nachvollziehen kann. Ich mache verbindliche Zeitangaben.

5. Beschwerdebearbeitung/Lösungssuche:
Jetzt wird die Beschwerde intern bearbeitet. Zusagen müssen unbedingt eingehalten werden. Gelingt dies nicht, müssen die Betreffenden davon in Kenntnis gesetzt werden, dass es Veränderungen oder Verzögerungen geben wird und warum.

6. Beschwerdeergebnis:
Die Eltern werden zuverlässig über mögliche Lösungen und Antworten informiert. Auch keine Lösung ist ein vorläufiges Ergebnis! Ich teile, wenn möglich, nicht nur das Ergebnis selbst, sondern auch die Art und Weise mit, wie wir dorthin gekommen sind. Gegebenenfalls muss ich mitteilen, dass sich die Sichtweisen der Eltern von unseren unterscheiden.

7. Beschwerdezufriedenheit:
Nach einer gewissen Zeit frage ich unaufgefordert noch einmal nach, wie zufrieden die Eltern mit dem Ergebnis sind. Es geht um die Beschwerdezufriedenheit. Dies mache ich in jedem Fall, auch wenn ich das Gefühl habe, die Sache hat sich erledigt.

8. Beschwerdebuch:
Wir halten alle Beschwerden in einem Beschwerdebuch fest und analysieren einmal im Jahr: Welche Beschwerden häufen sich? Was müssen/können wir tun, damit es in Zukunft weniger Grund für solche Beschwerden gibt? Über die Ergebnisse werden die Eltern wenn möglich informiert.

Abbildung 5:
Acht Schritte des Beschwerdemanagements

8.

»Ich habe da ein Problem mit meinem Mann...«

Nähe und Distanz

PRAXISBEISPIELE
Nähe und Distanz

Kita-Leitung Frau Stendal ist bei Eltern sehr beliebt. Sie gilt als vertrauenswürdig, verlässlich und zugewandt. Sie hält ihr Team an, den Umgang mit den Eltern sehr persönlich zu gestalten.

In dem offenen Haus macht immer eine Kollegin morgens die »Rezeption« am Eingang und begrüßt jede Mutter und jeden Vater persönlich mit Handschlag. Bei ihr können die Eltern alles loswerden, was ihnen wichtig ist, und finden immer ein offenes Ohr, weil sie in dieser Zeit keine andere Verpflichtungen hat und sich deshalb in Ruhe auf die kleinen und großen Nöte der Eltern, auf ihre Fragen und Mitteilungen einlassen kann. So hat sich inzwischen zu den meisten Eltern ein recht individueller Kontakt entwickelt.

Deshalb bieten Eltern auch immer wieder einzelnen Fachkräften und auch der Leitung das »Du« an. Alle gehen gerne darauf ein. Vieles sagt sich doch leichter, wenn man sich duzt, und es ist auch einfach ein schönes Gefühl, mit Eltern so gut zurechtzukommen.

So sind eigentlich alle Teammitglieder zufrieden damit, wie sich die Kommunikation mit den Eltern gestaltet. Manchmal aber wächst ihnen diese Nähe auch über den Kopf, denn immer häufiger erzählen Eltern auch von ganz privaten Dingen. Herr Schenkmayr z. B. sucht immer wieder persönlichen Rat, wenn es um die Regelungen geht, die er und seine geschiedene Frau in Bezug auf ihre beiden Kinder getroffen haben. Oder Frau Baktiar berichtet über ihre Sorgen wegen der Arbeitslosigkeit ihres Mannes. Und dann gibt es noch Frau Handtke, in deren Beziehung es zurzeit heftig kriselt und die mittlerweile fast jeden Tag mit Neuigkeiten aufwartet.

Was ist hier passiert?

Frau Stendal und ihr Team haben eine wunderbare Regelung getroffen. Wenn Eltern ihre Kinder in den Kindergarten bringen, haben sie oft noch das eine oder andere auf dem Herzen. Meist aber ist die Situation am

Eingang zum Gruppenraum zu dieser Zeit ziemlich hektisch und sie finden nur schwer eine Erzieherin, die ihnen jetzt wirklich zuhören kann. Kein Wunder also, dass die Regelung, jeweils eine Kollegin genau für diesen Kontakt frei zu stellen, bei den Eltern sehr gut ankommt. Auch ansonsten gehen Frau Stendal und ihre Kolleginnen in hohem Maße auf die Eltern zu und auf ihre Fragen und Sorgen ein.

Das »Du« zeugt davon, dass Eltern sich wohlfühlen und der Kontakt im Allgemeinen offen und freundlich gestaltet ist. Frau Stendal und ihr Team haben sich bewusst dafür entschieden, auf das Angebot der Eltern zum Duzen einzugehen. Neuen Eltern gegenüber bleiben sie zunächst einmal beim »Sie«, um sich nicht aufzudrängen.

Was dahintersteckt

Frau Stendals Team ist der Auffassung, dass sie nicht nur Vater oder Mutter vor sich haben, wenn es um irgendetwas geht, was das Kind betrifft, sondern die ganze Familie mit allem, was dazu gehört. Sie wollen den Eltern deswegen ganz bewusst ermöglichen, auch das in Gespräche einzubringen, was vordergründig Privatsache ist, aber natürlich Einfluss darauf hat, wie es dem Kind geht.

Im Team haben Frau Stendal und ihre Kolleginnen geklärt, wofür sie sich verantwortlich fühlen und wann sie Eltern an andere Stellen weiter vermitteln. Sie wollen in jedem Fall für das Zuhören verantwortlich sein. Sie sehen sich ein wenig als Bindeglied und Vermittler zwischen Eltern und anderen beratenden Institutionen.

Die Gefahr, dass das »Du« die Grenzen der professionellen Beziehung mit Eltern etwas verwischt, ist indes nicht von der Hand zu weisen. Es lädt geradezu dazu ein, offener auch über Familienangelegenheiten und private Dinge zu sprechen und öffnet Schleusen, die nachher schwer wieder zu schließen sind. Das spüren die Fachkräfte, wenn sie sich mit den vielen privaten Angelegenheiten der Eltern überfordert fühlen.

Was also ist zu tun?

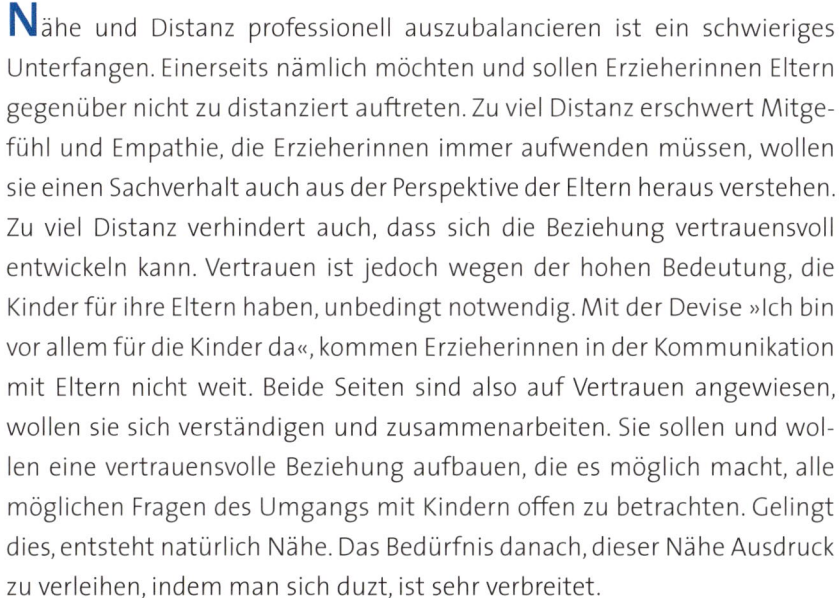

Nähe und Distanz professionell auszubalancieren ist ein schwieriges Unterfangen. Einerseits nämlich möchten und sollen Erzieherinnen Eltern gegenüber nicht zu distanziert auftreten. Zu viel Distanz erschwert Mitgefühl und Empathie, die Erzieherinnen immer aufwenden müssen, wollen sie einen Sachverhalt auch aus der Perspektive der Eltern heraus verstehen. Zu viel Distanz verhindert auch, dass sich die Beziehung vertrauensvoll entwickeln kann. Vertrauen ist jedoch wegen der hohen Bedeutung, die Kinder für ihre Eltern haben, unbedingt notwendig. Mit der Devise »Ich bin vor allem für die Kinder da«, kommen Erzieherinnen in der Kommunikation mit Eltern nicht weit. Beide Seiten sind also auf Vertrauen angewiesen, wollen sie sich verständigen und zusammenarbeiten. Sie sollen und wollen eine vertrauensvolle Beziehung aufbauen, die es möglich macht, alle möglichen Fragen des Umgangs mit Kindern offen zu betrachten. Gelingt dies, entsteht natürlich Nähe. Das Bedürfnis danach, dieser Nähe Ausdruck zu verleihen, indem man sich duzt, ist sehr verbreitet.

Zuviel Nähe aber führt andererseits immer wieder zu persönlichen »Verstrickungen«. Es gelingt dann nur noch selten, eine Situation aus der Distanz zu beurteilen. Erzieherinnen berichten regelmäßig, dass es ihnen schwerer fällt, Eltern etwas Unangenehmes mitzuteilen oder ihnen auch einmal Grenzen zu setzen, wenn sie sich ihnen nahe fühlen.

Mittlere Nähe und mittlere Distanz

Wo aber ist die Mitte? Wie viel Nähe ist notwendig und wie viel Distanz? Das kann nicht eindeutig beantwortet werden, denn die Mitte gilt es oft erst zu finden. Die Situation ist vergleichbar mit der professioneller Beraterinnen und Berater. Für sie gilt als Maßstab dafür, wie viel Nähe sie zulassen oder nicht, ob sie auch weiterhin das Gefühl haben, im Zweifelsfall »aus sich heraustreten« und den Sachverhalt distanziert betrachten zu können. Das muss immer wieder neu überprüft werden und hängt auch von den Personen ab. Regelmäßige Supervision ist dabei sehr hilfreich.

Innere Verstrickungen erkenne ich daran, dass ich nicht mehr genau zwischen meinem eigenen Gefühl und dem des anderen unterscheiden kann. Ich finde mich nicht mehr zurecht, mich plagen widersprüchliche Gefühle oder mir signalisieren meine Gefühle etwas anderes als mein Kopf. In diesen Situationen braucht es den klaren Blick von außen.

Es geht also um einen Weg zwischen *zu viel* Nähe und *zu viel* Distanz. Weil das nicht genau beschrieben werden kann, sondern jeweils wieder neu bestimmt werden muss, schlage ich vor, von »mittlerer Distanz« zu sprechen, um diese etwas brüchige Balance in den Blick zu nehmen. Auch im Team von Frau Stendal unterscheiden sich die Erzieherinnen sicherlich darin, wie weit ihr Ohr für die Anliegen von Eltern offen ist, und auch die Eltern werden unterschiedlich viel von sich preisgeben. Letztendlich ist diese Balance also immer Aushandlungssache zwischen unterschiedlichen Personen.

Zuständigkeit und Verantwortlichkeit

Für die exakte Klärung von Zuständigkeit und Verantwortlichkeit trifft Ähnliches zu wie für Nähe und Distanz. Auch das ist im Einzelfall davon abhängig, was die Beteiligten zulassen können und wollen und andererseits auch von der jeweils unterschiedlichen Situation.

Helfen kann vielleicht eine Unterscheidung beider Begriffe. Demnach sind Erzieherinnen *nicht verantwortlich* für die privaten und familiären Angelegenheiten von Eltern. Sie können sich aber gleichwohl dafür *zuständig* fühlen, in dem Sinne, dass sie in einem immer wieder neu zu definierenden Rahmen als Zuhörer und Ratgeber zur Verfügung stehen. Sie können ihre *Zuständigkeit* dadurch unter Beweis stellen, dass sie sich dafür *interessieren*. Damit das gelingen kann, ist ein gutes Gefühl für die eigenen Grenzen nötig und die innere Bereitschaft, diese auch zu wahren.

Zuständigkeiten und Verantwortlichkeiten müssen klar definiert werden. Auch wenn Sie selbst relativ sicher im Umgang mit Ihren Zuständigkeiten sind, kommen Sie nicht darum herum, diese jedes Mal wieder neu festzulegen und unter Umständen auch Grenzen deutlich zu machen. Das allerdings könnte Ihnen mit dem »Du« schwerer fallen als mit dem etwas distanzierteren »Sie«.

PRAXISBEISPIELE
Nähe und Distanz

Du oder Sie?
Das »Du« hat also durchaus seine Tücken. Es verschleiert nämlich die Schwierigkeiten, die in jeder Beziehung zwischen Erzieherin und Eltern angelegt sind. Beide Seiten wünschen sich natürlich Partnerschaftlichkeit: Die Erzieherinnen, weil Nähe in der Beziehung mit Eltern auch Anerkennung ausdrückt und Harmonie verspricht. Die Eltern, weil sie spüren, dass sie von den Erzieherinnen und deren gutem Willen abhängig sind und deshalb auf Vertrauen setzen müssen.

Erzieherinnen wissen, dass »… ihre Arbeit … bessere Erfolgsaussichten (hat), wenn sie das Vertrauen der Eltern gewinnen. Deshalb wollen viele professionelle Helfer Partner sein und werten sicherheitshalber den gesamten Arbeitskontakt zur *Partnerschaft* auf, denn Partner müssen einander vertrauen, nicht wahr? Sie vergessen, dass Vertrauen erst wachsen muss. Sie vergessen ebenfalls, dass jede Forderung nach Vertrauen – auch eine versteckte – misstrauisch macht.« *(Prott/Hautumm 2004, S. 11)*

Ein zu unreflektiertes »Du« ist jedenfalls fast immer mit versteckten Ansprüchen aneinander verknüpft. Dies ist kein eindeutiges Votum gegen ein Du, aber eine Aufforderung, sehr genau zu reflektieren, welche Erwartungen auf beiden Seiten damit verbunden sind.

PERSÖNLICHE REFLEXION

Wofür kann und möchte ich zuständig sein?
Es hilft nichts: Jeder muss für sich selbst und im Team die Frage klären, wie viel Nähe zugelassen werden soll, wie viel Zuständigkeit man sich auf die Fahne schreiben will und wo persönliche oder strukturelle Grenzen liegen. Das muss *immer wieder neu* verhandelt und reflektiert werden!

Wo liegen meine Grenzen?
Das ist die andere Seite der Medaille: Wer sich wenig dazu in der Lage fühlt, die eigenen Grenzen auch gegenüber Eltern immer wieder neu und situationsadäquat zu wahren, der sollte sich vor zu viel Nähe und besonders vor dem schnellen »Du« hüten. Das unpersönlichere »Sie« sorgt nämlich für eine gewisse Hürde, Distanz zu überwinden, und damit auch dafür, die eigenen Grenzen ein Stück weit zu wahren.

9.

»Jetzt strapazieren Sie unsere Geduld aber gewaltig!«

Besonders konfliktreiche Begegnungen

PRAXISBEISPIELE
Besonders konfliktreiche Begegnungen

Herr Platzek, Vater dreier Kinder, hat schon unzählige Male die Öffnungszeit um bis zu 25 Minuten überzogen. Er ist Physikdozent und sagt, er müsse nach seinen Seminaren noch mit seinen Studenten sprechen und das könne man eben nicht auf die Minute genau planen. Die inzwischen sehr deutlichen Aufforderungen der Kita-Leitung Frau Haase scheinen ihn nicht im Geringsten zu beeindrucken.

Auch Frau Bauer strapaziert die Geduld der Erzieherinnen ihres Sohnes sehr. Sie mischt sich aus Prinzip in alles ein. Ständig bringt sie Kopien von Zeitungsartikeln für die Erzieherinnen mit: Das sollten sie doch einmal lesen. Sie wollte sogar schon einmal eigenständig eine Aktion starten, um den Gruppenraum in »ansprechenderen Farben« zu gestalten.

Frau Albrecht sagt Thomas Winter, dem Erzieher ihrer Tochter, ständig überaus deutlich, was ihr gerade wieder nicht passt, und stört sich auch nicht daran, wenn sich andere Eltern, Kolleginnen oder Kinder in der Nähe aufhalten. Auf Gesprächsangebote von Thomas geht sie grundsätzlich nicht ein und lässt ihn unmissverständlich spüren, dass sie ziemlich wenig von ihm hält.

Erzieherin Katja Nowak beobachtet schon seit Wochen, dass Eltern ihrer Gruppe vor dem Kita-Eingang miteinander tuscheln. Sie wüsste gern, worum es dabei geht. Seit einem Streit mit Frau Petersen hat sie das Gefühl, dass sich die Eltern gegen sie verschwören.

Was ist hier passiert?

Im ersten Beispiel handelt es sich um eine *systematische* Grenzverletzung. Herr Platzek nimmt sich *regelmäßig* Rechte heraus, die ihm nicht zustehen. Jeder Appell prallt an ihm ab. Er sieht nicht nur keinen Anlass, etwas zu verändern, er denkt nicht einmal darüber nach. Kein Wunder, dass sich Frau Haase vorkommt, als könne er mit ihr machen, was er wolle.

Systematische Grenzverletzungen wie in diesem Fall sind nur sehr schwer auf rein kommunikativer Ebene einzudämmen und zu verhindern. Auf dieser Ebene ist Herr Platzek jedenfalls nicht erreichbar. Seine Art, die Welt um sich wahrzunehmen und zu interpretieren, kann zu Recht als egozentrisch bezeichnet werden. In seiner Welt ist wenig Platz für das Denken, Fühlen und Erleben anderer und er reagiert höchstens verwundert, wenn die Erzieherin ihn auf Schließungszeiten aufmerksam macht.

Auch im zweiten Beispiel haben Frau Bauers fortgesetzte Versuche, sich Gehör zu verschaffen, etwas Methodisches an sich. Alle Bemühungen, Gesprächsregelungen mit ihr zu finden, bleiben wirkungslos. Im Gegenteil: Frau Bauer interpretiert diese Bemühungen eher als freundliche Aufforderung, fortzufahren wie bisher. Auf die Idee, dass sie die Geduld der Erzieherinnen weit über Gebühr strapaziert, kommt Frau Bauer nicht.

Im dritten Beispiel verweigert eine Mutter jedes Gespräch mit dem Erzieher und wertet ihn damit in nicht mehr akzeptabler Weise ab. Statt auf Ausgleich im Gespräch setzt sie von Beginn an auf Konfrontation.

Das tun auch die Eltern im vierten Beispiel. Während aber Thomas Frau Albrecht wenigstens noch persönlich begegnen kann, verweigern sich die Eltern hier sogar der direkten Konfrontation. Aus irgendeinem Grund sind sie zu der Überzeugung gelangt, dies führe nicht mehr weiter. Um ihre Interessen zu wahren und unter Umständen auch gegen Widerstand durchzusetzen, suchen sie Bündnispartner für eine Machtentscheidung.

Was dahintersteckt

Alle hier betroffenen Fachkräfte fühlen sich dem Verhalten der Eltern gegenüber relativ machtlos. Es fällt ihnen schwer, die unfreundliche und grenzüberschreitende Art der Eltern zu verstehen. Zu ihrer sozial geprägten Vorstellungswelt passen solche Verhaltensweisen einfach nicht und sie fühlen sich handlungsunfähig. Ihre eigenen Abwehr- und Verteidigungsmechanismen sind nur ungenügend ausgebildet. Vielleicht befürchten sie auch, dass Konflikte mit Eltern von Trägerseite ihnen angelastet werden.

Klare Regelungen, wie sich Erzieherinnen im Konfliktfall verhalten können und sollen, gibt es fast nirgendwo. Es fehlt ihnen an Erfahrung im Managen von Konflikten und sie kennen kaum Deeskalationsstrategien. Ausbildung, Trägererwartung und auch das eigene Selbstverständnis sind oft von starkem Harmoniestreben geprägt. Dabei kann sich auch die beste Kindertagesstätte kaum wirklich vor solchen Konflikten schützen. Man muss einfach mit ihnen rechnen.

Was also ist zu tun?

Gemeinsam ist den angeführten Beispielen, dass auf Ausgleich und Klärung zielende Gesprächsangebote hier kaum mehr etwas nutzen. Zwar sollten sie niemals ganz aufgegeben werden, aber in diesen Fällen sind es die Eltern, die sich dem verschließen und – sei es nun bewusst oder nicht – an der Konfliktschraube drehen. Im Umgang damit brauchen Erzieherinnen dringend Konfliktstrategien.

Planvoll vorgehen

Eine »Strategie« ist ein längerfristig ausgerichtetes planvolles Anstreben eines bestimmten Ziels unter Berücksichtigung der verfügbaren Mittel und Ressourcen. Strategisches Denken bedeutet planvolles Vorgehen. Wenn es um Konflikte geht, müssen wir uns deshalb sehr genau überlegen:

1. Was ist unser Ziel?
2. Was ist mit welchen Mitteln und um welchen Preis erreichbar?
3. Welche Schritte wollen wir genau gehen?

Die Zielformulierung hängt davon ab, was ich *möchte* und was ich erreichen *kann*. Ziele müssen eine realistische Chance haben, verwirklicht zu werden. Sie müssen selbstinitiierbar sein, d.h. ihr Erfolg darf nicht nur vom Verhalten anderer abhängig sein. Und sie müssen so konkret wie möglich formuliert werden.

Macht und Einfluss ausloten

Im ersten Beispiel müsste ausgelotet werden, über welche Machtmittel die Einrichtung tatsächlich verfügt, um Herrn Platzek dazu zu bewegen, die Öffnungszeiten der Einrichtung einzuhalten. Ferner müsste über die Folgen nachgedacht werden? Was würde Herr Platzek tun? Vielleicht gelingt es ihm, andere Eltern, die Presse oder den Träger gegen die Kita zu mobilisieren, weil er über diverse Verbindungen und Beziehungen verfügt und gut argumentiert? Wenn die möglichen Folgen abgeschätzt wurden, müssen die eigenen Ressourcen und Handlungsschritte geklärt werden: Wer unterstützt uns? Wie können wir vorgehen? Wen weihen wir wann ein? Wann ist ein günstiger Zeitpunkt? usw.

Im zweiten Beispiel stellt sich vor allem die Frage: Wie können wir einerseits unsere Grenzen wahren und andererseits *in einem von uns gesetzten Rahmen* gesprächsbereit bleiben?

Auch den eigenen Anteil entdecken

Im dritten Beispiel muss geklärt werden, ob Thomas bewusst oder unbewusst etwas dazu beigetragen hat, dass Frau Albrecht so wenig von ihm hält oder ob ihre Aversion ganz andere Ursachen hat. Es könnte z. B. sein, dass sie sich einfach keinen Mann als Erzieher ihrer Tochter wünscht. Es könnten aber auch Übertragungen im Spiel sein, die nichts mit Thomas zu tun haben. In diesen Fällen würde die Zielsetzung lauten, einen Kontakt zwischen Frau Albrecht und einer anderen Person herzustellen. Auf jeden Fall müssen die Beleidigungen in Zukunft deutlicher zurückgewiesen werden und dazu braucht es strategische Überlegungen. Denn auch hier muss gefragt werden: Wie einflussreich ist Frau Albrecht? Sollen wir den Konflikt klein halten oder frontal angehen?

Im letzten Beispiel schließlich müssten erst einmal zwei Dinge analysiert werden: Was ist dran an den Vorwürfen der Eltern? Weshalb äußern sie ihren Unmut auf diese Weise? Liegt das vielleicht daran, wie wir mit Beschwerden umgehen? Im Anschluss könnten Strategien entworfen werden. Das ist aber äußerst kompliziert, weil zum einen viele Personen gleichzeitig daran beteiligt sind und zum anderen der Konflikt noch gar nicht offengelegt ist.

PRAXISBEISPIELE
Besonders konfliktreiche Begegnungen

Realistisch bleiben
Selbst wenn es gelingt, kluge und durchdachte Konfliktstrategien zu entwerfen, bleibt die Unsicherheit bestehen, dass sich die Konfliktpartner selten in der erwarteten Weise verhalten. Konflikte haben stets etwas Unvorhersehbares und enden selten so, wie es sich einer der beiden Konfliktpartner wünscht. Häufig sind Kompromisse oder Machtentscheidungen notwendig.

Notwendig ist auf jeden Fall ein gewisser Realismus, was die eigenen Chancen und Möglichkeiten betrifft. Zweitens braucht es die Fähigkeit zur Ambiguität. Damit ist die Fähigkeit gemeint, auch nicht vollständig gelöste Konflikte weiter auszuhalten und damit zu leben. Unser Harmoniebedürfnis darf unser Verhalten nicht zu sehr bestimmen.

Konfliktbearbeitung: Ja oder Nein?
Nutzen Sie die folgende Reflexionshilfe zur persönlichen Klärung, ob und wie der Konflikt überhaupt angesprochen werden soll:

REFLEXIONSHILFE BEI KONFLIKTEN

Soll die Konfliktsituation überhaupt angesprochen werden?
A) Vor- und Nachteile klären, Gewinn-Verlust-Bilanz erstellen
B) Gibt es Alternativen?
   wenn ja, in welcher Form:
   - Gibt es eigene konstruktive Ideen und Vorschläge?
   - Den Konflikt indirekt ansprechen, um die Bereitschaft des Konfliktpartners zu prüfen: z. B. als Ich-Botschaft: »Ich frage mich, ob ...«?
   - Die betreffende Person direkt ansprechen und den Konflikt benennen?
   wenn nein:
   - Wie kann ich mit dem Konflikt gut leben?

Die eigentliche Konfliktbearbeitung
Wenn Sie sich für die Konfliktbearbeitung entschieden haben, sind die in der nachfolgenden Checkliste aufgeführten Vorüberlegungen, Gesprächsstrategien und Grundhaltungen hilfreich:

CHECKLISTE KONFLIKTBEARBEITUNG

VORÜBERLEGUNGEN

1. Beziehungen und Handlungsspielraum klären:
   - Bestehen Abhängigkeiten? Wer von wem?
   - Wer hat welchen Einfluss?
   - Wer hat wie viel Macht?
   - Wo befinden sich Grenzen meines Handelns?
   - Wen könnte ich als Bündnispartner gewinnen?

2. Den eigenen Gefühlshaushalt ausloten: Bin ich bereit für den Konflikt?

3. Sich eigener Ziele und Interessen klar werden:
   - Was sind meine ganz unverzichtbaren Interessen?
   - Was sind für mich Interessen mit geringerer Bedeutung?
   - Was will ich auf jeden Fall vermeiden?

4. Sich eventuell vorhandener unbewusster Ziele und Interessen klar werden:
   - Was sagen mir meine Gefühle darüber?
   - Weshalb springe ich gerade darauf an?
   - Was würde ich am liebsten tun?

5. Sich der Ziele und Interessen des Konfliktpartners klar werden:
   - Wie hoch schätze ich seine Kompromiss- und Gesprächsbereitschaft ein?
   - Wo vermute ich Interessensüberschneidungen?
   - Wo vermute ich Gegensätze und Unterschiede?

6. Den eigenen Anteil an eventuellen Versäumnissen klären:
   - An welchen Stellen bin ich angreifbar?
   - Inwieweit muss ich dem Konfliktpartner eventuell Recht geben?
   - Ist es angebracht, dies öffentlich zu tun?

GESPRÄCHSSTRATEGIEN

1. An dem ansetzen, was nicht ganz so konfliktbeladen ist und eventuell einander erlaubt, sich erst einmal zuzuhören.
2. Etwas dazu beitragen, dass sich mein Konfliktpartner einigermaßen wohlfühlt.
3. Zunächst nur Ich-Botschaften senden, keinesfalls Vorwürfe. Die eigene Sichtweise klar umrissen darstellen.

Abbildung 6: Checkliste Konfliktbearbeitung

PRAXISBEISPIELE
Besonders konfliktreiche Begegnungen

4. Nach der Sichtweise und dem Erleben des anderen fragen und versuchen, die aus seiner Sicht guten Gründe für sein Denken und Handeln zu verstehen.
5. Nach gemeinsamen Zielen suchen und sie benennen.
6. Unterschiede benennen und klären, wie damit umgegangen werden kann.
7. Vereinbarungen besiegeln und eventuell nach Hindernissen suchen, die auftreten könnten, um bereits im Vorfeld präventiv zu handeln: »Was machen wir, wenn etwas schiefgeht?«

HILFREICHE GRUNDHALTUNGEN

- Auf gar keinen Fall *gewinnen* wollen!
- Gemeinsam darüber nachdenken: »Was wäre wenn?« Das so konkret wie möglich tun.
- Danach fragen, worin die kleinste Gemeinsamkeit liegen könnte. Zumindest das zu erreichen versuchen.
- Verantwortung für die Suche nach Lösungen auf *beiden* Seiten betonen. Mein Gegenüber nach seinen Vorschlägen befragen. Eigene als Möglichkeit darstellen.
- Neue Wege gehen: Weder das eine, noch das andere, sondern etwas bisher noch gar nicht Gedachtes!
- Das Problem in kleinere Anteile aufteilen. Teile sind häufig leichter zu bearbeiten als das Ganze.
- Auseinanderhalten, worauf man sich schon einigen kann und worauf nicht. Die Anteile des Konflikts herausheben, die beide Seiten ähnlich oder gleich sehen.
- Anknüpfen an frühere Erfahrungen: »Sie erinnern sich sicher, damals haben wir das folgendermaßen gelöst …«
- Bei Uneinigkeit bewusst danach suchen, worauf sich der Konfliktpartner vielleicht einlassen könnte. Überprüfen, ob ich nicht selbst noch etwas mehr nachgeben könnte.
- Unterschiede nicht unter den Tisch kehren. Kommt es zu keiner Einigung, die Unterschiede benennen und danach fragen, wie beide Seiten damit umgehen wollen. Aushalten, dass nicht über alles ein Einvernehmen hergestellt werden kann.
- Am Ende die Frage stellen: »Kann ich sonst noch etwas für Sie tun?«

ABBILDUNGSVERZEICHNIS

Abbildung 1:
Fünf Schritte eines Elterngesprächs 25
Abbildung 2:
Krisenbewältigung als Reifungsprozess 32/33
Abbildung 3:
Formular »Elternfragebogen« 42
Abbildung 4:
Checkliste Elternmitteilungen 45
Abbildung 5:
Acht Schritte des Beschwerdemanagements 79
Abbildung 6:
Checkliste Konfliktbearbeitung 92/93

VERZEICHNISSE

LITERATURVERZEICHNIS

Böhm, Dietmar, u. a. (2004): *So geht's – Miteinander aufwachsen und voneinander lernen. Interkulturelle Pädagogik in Kita und Kindergarten*. Basiswissen Kita. Herder Verlag, Freiburg.

Burchat-Harms, Roswitha (2001): *Konfliktmanagement. Wie Kindergärten TOP werden*. Luchterhand-Verlag, Neuwied.

Dusolt, Hans (2008): *Elternarbeit: Ein Leitfaden für den Vor- und Grundschulbereich*. Beltz-Verlag, Weinheim.

Eppel, Heidi/Hittmeyer, Steffen/Ludwig, Ingrid/Plate, Petra/Rathmann, Ruth (4. Aufl. 2001): *Mit Eltern partnerschaftlich arbeiten, Elternarbeit neu betrachtet*. Herder Verlag, Freiburg.

Glasl, Friedrich (2004): *Konfliktmanagement. Ein Handbuch für Führungskräfte, Beraterinnen und Berater*. Verlag Freies Geistesleben, Stuttgart.

Hartmann, Martin/Rieger, Michael/Luoma, Marketta (3. Auflage 2001): *Zielgerichtet moderieren*. Beltz-Verlag, Weinheim.

Klein, Lothar/Vogt, Herbert (2008): *Eltern in der Kita. Schwierigkeiten meistern, Kommunikation entwickeln*. Kallmeyer-Verlag, Seelze.

Pesch, Ludger/Sommerfeld, Verena (2002): *Beschwerdemanagement. Wie Kindergärten TOP werden*. Luchterhand-Verlag, Neuwied.

Pesch, Ludger/Sommerfeld, Verena (2003): *Moderation und Gesprächsführung. Wie Kindergärten TOP werden*. Luchterhand-Verlag, Neuwied.

Prott, Roger/Hautumm, Annette (2. Aufl. 2007): *12 Prinzipien für eine erfolgreiche Zusammenarbeit von Erzieherinnen und Eltern*. Verlag das netz, Berlin.

Satir, Virginia (2010): *Kommunikation – Selbstwert – Kongruenz. Konzepte und Perspektiven familientherapeutischer Praxis*. Junfermann-Verlag, Paderborn.

Schlösser, Elke (2. Aufl. 2004): *Zusammenarbeit mit Eltern – interkulturell*. Ökotopia-Verlag, Münster.

Schulz von Thun, Friedemann (2008): *Miteinander reden*. Band 1–3. Rowohlt-Verlag, Hamburg.

Textor, Martin R. (o. J.): *Elternarbeit im Kindergarten. Ziele, Formen, Methoden*. Books on Demand.

Utz, Klaus (1997): *Wenn Familien Probleme haben. Chancen und Grenzen der Familienarbeit im Kindergarten*. Herder Verlag, Freiburg.

Watzlawik, Paul (2009): *Anleitung zum Unglücklichsein*. Piper-Verlag, München.

Watzlawik, Paul/Beavin, Janet H./Jackson, Don D. (11. Aufl. 2007): *Menschliche Kommunikation. Formen, Störungen, Paradoxien*. Verlag Hans Huber, Bern.

Weber, Kurt (2004): *Konflikt und Beschwerdemanagement*. Basiswissen Kita. Herder Verlag, Freiburg.

Wolff, Reinhart (1996): *Konkurrenz und Kooperation. Über die Zusammenarbeit zwischen den Erzieherinnen und den Eltern*. In: Theorie und Praxis der Sozialpädagogik (TPS) extra Nr. 22/1996.